Pe. Ronaldo José Miguel
Pe. Thiago Faccini Paro

O Caminho

Subsídio para Catequese Batismal
Pais e Padrinhos

Catequista

"O que ouvimos, o que aprendemos, o que nossos pais nos contaram, não ocultaremos de nossos filhos; mas vamos contar à geração seguinte as glórias do Senhor, o seu poder e as obras grandiosas que Ele realizou." (Sl 78,3-4)

EDITORA VOZES

Petrópolis

© 2018, Editora Vozes Ltda.
Rua Frei Luís, 100
25689-900 Petrópolis, RJ
www.vozes.com.br
Brasil

Todos os direitos reservados. Nenhuma parte desta obra poderá ser reproduzida ou transmitida por qualquer forma e/ou quaisquer meios (eletrônico ou mecânico, incluindo fotocópia e gravação) ou arquivada em qualquer sistema ou banco de dados sem permissão escrita da editora.

CONSELHO EDITORIAL

Diretor
Gilberto Gonçalves Garcia

Editores
Aline dos Santos Carneiro
Edrian Josué Pasini
Marilac Loraine Oleniki
Welder Lancieri Marchini

Conselheiros
Francisco Morás
Ludovico Garmus
Teobaldo Heidemann
Volney J. Berkenbrock

Secretário executivo
João Batista Kreuch

Projeto gráfico e diagramação: Ana Maria Oleniki
Revisão: Licimar Delfino Porfirio
Capa: Ana Maria Oleniki
Ilustrações: Romolo Picoli Ronchetti

ISBN 978-85-326-5980-4

Editado conforme o novo acordo ortográfico.

Este livro foi composto e impresso pela Editora Vozes Ltda.

Sumário

Apresentação, 5
Introdução, 7
Explicando nossa proposta, 8
Primeiro contato com os que buscam o Batismo, 11
Orientações prévias para a Pastoral do Batismo, 14

PRIMEIRA ETAPA

Catequese durante a gestação

1º Encontro – No amor, gestar a vida cristã, 23
2º Encontro – Gestar a vida cristã na luz da Palavra, 28
3º Encontro – Gestar a vida cristã na luz da fé, 33
4º Encontro – Gestar a vida cristã na luz da oração, 38
5º Encontro – Gestar a vida cristã com uma identidade, 44
6º Encontro – Gestar a vida cristã na luz da família, 51
7º Encontro – Gestar a vida cristã na luz da comunidade, 57

SEGUNDA ETAPA

Catequese próxima ao Batismo

1º Encontro – Pelo Batismo, somos filhos de Deus em Cristo, 65
2º Encontro – Pelos sinais visíveis, Deus realiza maravilhas invisíveis, 71
Celebração de apresentação das crianças, 80
3º Encontro – Pelo Batismo, somos incorporados à Igreja, Corpo de Cristo, 83

TERCEIRA ETAPA

O Sacramento do Batismo

Rito para o batismo de várias crianças, 93
Encontro pós-batismo – Sal da terra e luz do mundo, 95

QUARTA ETAPA

Recordar e viver o Batismo recebido – Acompanhamento Pastoral

Anexos, 102

O texto "O Caminho – Subsídio para Catequese Batismal" atende a uma necessidade urgente da Igreja nos nossos tempos: acolher e integrar efetivamente, na vida comunitária, pais e padrinhos que pedem à Igreja o batismo para os seus filhos e afilhados.

Trata-se, porém, como nos apresentam os autores, de um processo de gestação, ou seja, formação lenta, gradual e progressiva que exige das comunidades de fé, atenção contínua e presença amorosa.

No decorrer destas páginas vemos que a novidade desta proposta está em acompanhar de perto os pais e padrinhos desde o período de gravidez da mãe, na preparação e celebração do batismo, e depois a cada ano por ocasião do aniversário do batismo dos seus filhos e afilhados.

O Papa Francisco várias vezes diz que a evangelização é uma obra de arte artesanal, onde prevalecem as atitudes de acolher, acompanhar, discernir e integrar; ou seja, uma ação personalizada, própria de uma "Igreja em saída" que anuncia o Evangelho pela proximidade e pela alegria.

É justamente o que os autores nos apresentam de maneira simples e prática neste texto, sem que o conteúdo deixe de ser profundo e envolvente, marcado pelas urgências pastorais da Igreja do Brasil.

Valerá a pena conhecer e aplicar esta proposta em nossas comunidades oferecendo às equipes da Pastoral do Batismo, da Pastoral Familiar e membros das nossas comunidades de fé, um caminho que se possa percorrer para ajudar pais e padrinhos a despertar e amadurecer na fé.

Aos Padres Ronaldo José Miguel e Thiago Faccini Paro, padres do clero da Diocese de Barretos, meu agradecimento e admiração, pela competência com que procuram servir a Igreja colocando em comum os conhecimentos e a experiência pastoral que possuem.

Dom Milton Kenan Junior
Bispo de Barretos
Bispo Referencial para animação Bíblico-catequético do Regional Sul 1

Lista de abreviaturas

CDC	Código do Direito Canônico
CELAM	Conselho Episcopal Latino-Americano
CIgC	Catecismo da Igreja Católica
CNBB	Conferência Nacional dos Bispos do Brasil
DAp	Documento de Aparecida
DNC	Diretório Nacional de Catequese
LG	*Lumen Gentium*
DV	*Dei Verbum*
MR	Missal Romano
PR	Pontifical Romano
RBC	Ritual do Batismo de Crianças
SC	*Sacrosanctum Concilium*

A PORTA DA FÉ (cf. At 14,27), que introduz na vida de comunhão com Deus e

Introdução

permite a entrada na sua Igreja, está sempre aberta para nós. É possível cruzar este limiar, quando a Palavra de Deus é anunciada e o coração se deixa plasmar pela graça que transforma. Atravessar esta porta implica embrenhar-se num caminho que dura a vida inteira. Este caminho tem início no Batismo (cf. Rm 6,4), pelo qual podemos dirigir-nos a Deus com o nome de Pai, e está concluído com a passagem através da morte para a vida eterna, fruto da ressurreição do Senhor Jesus, que, com o dom do Espírito Santo, quis fazer participantes da sua própria glória quantos crêem n'Ele (cf. Jo 17,22). (Bento XVI, *Porta Fidei*, 1)

Com estas palavras introdutórias do papa Bento XVI, propomos este itinerário batismal para promover a Iniciação à Vida Cristã daqueles que nascem na fé da Igreja, desde o momento em que são concebidos no coração de seus pais.

Uma vez que a "Porta da fé" se abre desde o batismo, urge caminhar sob a luz da mesma fé desde o princípio. Portanto, esperar uma catequese para os sacramentos da Eucaristia e Crisma que se realiza depois de sete anos de existência cristã, incorre-se no risco de perder-se e deixar de produzir os primeiros frutos de uma vida cristã.

Graças aos pais, padrinhos e a pastoral catequética batismal, os neófitos não estarão sozinhos nesta primeira fase de crescimento e amadurecimento na fé. Experimentarão, desde o ventre maternal, a Palavra que nutre, a luz da fé e da oração que aquecem, e amor cristão que nos une.

A Mãe Igreja é grata pela Pastoral do Batismo e seus catequistas que, comprometidos com a fé, assumem este compromisso, tornando-se, verdadeiros educadores e pais da fé.

Pe Ronaldo José Miguel
Pe Thiago Faccini Paro

Explicando nossa proposta

O itinerário que propomos está estruturado em quatro etapas, sendo:

Primeira Etapa → Catequese durante a gestação
Segunda Etapa → Catequese próxima ao Batismo
Terceira Etapa → Celebração do Sacramento do Batismo
Quarta Etapa → Acompanhamento Pastoral

Cada uma destas quatro etapas, foi pensada para que de maneira gradativa os pais e padrinhos que procuram a Igreja para batizar os filhos e futuros afilhados, muitas vezes motivados por questões sociais e de tradição, tenham a oportunidade de conhecer mais de perto a Igreja Católica Apostólica Romana, alcançando uma maior compreensão do sacramento que solicitam, bem como, o conhecimento do compromisso e dos deveres inerentes a ele. Ou seja, este itinerário, será uma oportunidade de iniciar na fé, aqueles que não foram suficientemente evangelizados e de criar um vínculo ainda maior, com aqueles que já têm uma vivência eclesial.

Para corresponder a esta intenção são sugeridos dois momentos de encontros: nas casas dos que solicitam o Batismo e na comunidade, com um grupo mais amplo. Em ambas as propostas os encontros terão como fundamento a Palavra de Deus, a tradição e doutrina da Igreja, a sagrada liturgia e questões pastorais.

1ª Etapa — Catequese durante a gestação

→ Na **primeira etapa** propomos que se priorize um encontro mais personalizado, se possível, realizado na casa das famílias, com pelo menos uma reunião mensal, no qual será abordado temas próprios do período da gestação e da vivência cristã, como a escolha de um nome cristão para a criança, o valor da vida, entre outros. São sugeridos sete encontros que podem ser realizados a partir do segundo mês da gestação, ou organizados de acordo com a possibilidade do tempo que ainda resta antes do nascimento do bebê. Os encontros poderão ser conduzidos pela Pastoral do Batismo, Pastoral Familiar ou outros agentes de pastoral devidamente preparados.

2ª Etapa — Catequese próxima ao Batismo

→ A **segunda etapa** prevê encontros que refletem três eixos: teológico, litúrgico e pastoral. Os encontros serão grandes catequeses, que poderão ser realizados na comunidade, com grupos maiores. Nessa etapa estão previstos três encontros e uma celebração. As famílias que não tiveram possibilidade de participar da primeira etapa, poderão iniciar normalmente a caminhada a partir deste segundo momento. Sugerimos que seja realizado um encontro por semana onde for possível ou quinzenal, para que as famílias e futuros padrinhos tenham tempo de refletir sobre o tema abordado, que realizem as atividades do *Diário* e que criem vínculo com a comunidade eclesial. Todos os encontros <u>poderão ser realizados em um único dia</u>, porém, estaríamos priorizando apenas o conteúdo e não a vivência, o entrosamento com a comunidade de fé.

3ª Etapa — Celebração do Sacramento do Batismo

→ A **terceira etapa** contempla a celebração batismal, no qual apresentamos pistas para a realização dos ritos, de modo a valorizar a comunicação própria da liturgia e posteriormente um encontro para a partilha da experiência vivida.

4ª Etapa — Acompanhamento Pastoral

→ Por fim, na **quarta etapa**, apresentamos o roteiro com sete encontros para serem realizados anualmente no mês do aniversário de batismo dos neófitos. É uma maneira de acompanhar as famílias e o crescimento das crianças até o ingresso na catequese.

Todo o itinerário sugerido exigirá dos envolvidos, uma boa preparação e uma mudança de mentalidade, onde o sacramento não é visto como fim, mas o início de uma vivência cristã, e oportunidade de inserção dos pais e padrinhos na comunidade eclesial.

Cada etapa terá uma metodologia própria, bem como diferentes terminologias ao definir os responsáveis pela realização dos encontros. Na primeira etapa, adotamos o termo DIRIGENTE e EQUIPE RESPONSÁVEL tendo em vista encontros mais personalizados, e que não necessariamente precisam ser assumidos pela Pastoral do Batismo. Assim, os diversos grupos de evangelização ou agentes de pastoral poderão ficar responsáveis pela realização destes encontros querigmáticos.

Para a segunda e terceira etapas, é proposto uma catequese batismal propriamente dita, ou seja, a Pastoral do Batismo, deve ser vista e reconhecida como Pastoral Catequética, assim como é feito com os outros dois sacramentos da iniciação (Confirmação e Eucaristia).

Dentre os vários serviços e ministérios que compõem a Pastoral do Batismo, está o ministério do CATEQUISTA, que terá o papel de conduzir os encontros com a presença de vários pais e padrinhos refletindo a temática do dia. Além do catequista os encontros da segunda etapa poderão ter o auxílio de outros agentes da Pastoral do Batismo, como pessoas para a acolhida, secretaria, animação, cafezinho...

Ainda, para as celebrações da segunda e terceira etapas, a Pastoral do Batismo poderá contar com uma EQUIPE DE CELEBRAÇÃO, responsável por preparar todo o necessário para a plena realização dos ritos e a valorização dos símbolos. Essa equipe deverá contar com cantores, ministros da Palavra, acólitos, responsáveis pela acolhida...

E por fim, na quarta etapa retomamos o termo DIRIGENTE, tendo em vista que as próprias famílias poderão se organizar para realizar os encontros propostos.

Organização dos Encontros

Sugerimos que os encontros sejam de responsabilidade da Pastoral do Batismo mas que esta seja compartilhada, onde for possível, com a Pastoral Familiar ou outras pastorais, estabelecendo a integração de seus membros devidamente preparados para esta atividade pastoral na comunidade.

Os encontros propostos possibilitam diversas maneiras de realização, dependendo da etapa e da metodologia adotada pela paróquia: podem ser realizados na casa das famílias ou na comunidade, em dias separados ou em blocos. O importante, é que os responsáveis se reúnam e previamente estudem o tema e com zelo e carinho o preparem.

De modo especial, para os encontros com grandes grupos: é necessário providenciar os materiais necessários (Bíblia, vela...), distribuir com antecedência as funções e ministérios (acolhida, leitores, os catequistas – expositores dos temas, animadores...), prever uma equipe de canto, e sempre avaliar os encontros.

Subsídio para os pais e padrinhos

Para os pais e padrinhos, preparamos um subsídio chamado de Catequese Batismal – **Diário da Família**, com um breve roteiro dos encontros de cada etapa. Este *Diário* quer ser um instrumento orientador de todo o itinerário de iniciação ao Sacramento do Batismo, bem como um meio de registrar todo este percurso, incentivando e auxiliando os pais e padrinhos em sua missão de educar na fé.

Papel importante terá o *Diário*, após a celebração do Batismo, pois apresenta sete encontros com temas diversos, a serem realizados pelas famílias na celebração do aniversário de batismo da criança. Ao término de cada encontro, encontra-se ainda pistas de como os pais podem ao longo do ano educar os filhos na fé cristã, nos seus valores e seguimento.

Primeiro contato com os que buscam o Batismo

O primeiro contato com aqueles que procuram a Igreja para batizar os filhos, geralmente acontece na secretaria paroquial, lugar de fácil acesso, onde os pais ou responsáveis buscam informações e orientações sobre o Sacramento do Batismo. Porém, este espaço, devido ao movimento com a entrada e saída de pessoas, o som insistente do telefone, as diversas atividades de responsabilidade dos secretários e secretárias paroquiais e a falta de uma formação específica sobre o Sacramento do Batismo, o tornam inadequado para o acolhimento e orientação dos que pedem o batismo para os seus filhos.

Dizemos isso, devido a nossa prática pastoral e o testemunho de diversos atendentes paroquiais que relatam a dificuldade de dialogar com os pais e lhes explicar as orientações e normas da Igreja para a recepção deste sacramento, sobretudo quanto aos critérios e exigências para a escolha dos padrinhos. Tendo em vista essas dificuldades, sugerimos que a secretária paroquial seja apenas um ponto de referência para os que procuram o primeiro sacramento, e que a Pastoral do Batismo seja a responsável por orientar e efetivar as inscrições para o sacramento.

Para isso, os secretários e secretárias, deverão apenas registrar o interesse, anotando os nomes e contato dos pais ou responsáveis da criança que será batizada, comunicando-os de que a Pastoral do Batismo agendará uma visita ou uma reunião/encontro para esclarecer todas as dúvidas e orientá-los sobre o processo batismal. Nesse primeiro contato pode-se entregar um folder com uma breve catequese sobre o que é o batismo, qual a missão e o papel dos pais, padrinhos e comunidade, os requisitos mínimos para batismo, bem como as exigências para ser padrinho.

Durante o encontro ou visita aos pais ou responsáveis, previamente combinada, os agentes ou catequistas da Pastoral do Batismo, encontrarão um ambiente propício para conhecer as motivações dos que pedem o batismo e um espaço adequado para que de acordo com cada realidade, possam orientá-los da forma que deverão proceder. Para isso, os agentes ou catequistas da Pastoral do Batismo deverão estar bem preparados e sensíveis para acolher e mediar as inúmeras situações que poderão surgir.

Sem dúvida, boa parte dos que procuram a Igreja solicitando o batismo, estão com os filhos recém-nascidos ou já com alguns anos de idade. Nossa proposta contempla esse grupo, a partir da segunda parte do itinerário. Porém, sabemos que nas comunidades encontraremos várias gestantes, que com carinho aguardam o nascimento de seus filhos. Para estes casos, os próprios agentes ou catequistas da Pastoral do Batismo, ou os integrantes da comunidade, poderão se aproximar e convidar as gestantes e famílias a percorrerem o itinerário catequético para o batismo, realizando o agendamento da visita ou do encontro com os membros da Pastoral do Batismo.

Sugestão folder a ser distribuído aos que buscam o Batismo

A seguir apresentamos uma sugestão de folder que deverá ser adaptado, levando em conta a orientação que fizemos para a Pastoral do Batismo, o Diretório dos Sacramentos de cada diocese e realidade de cada paróquia.

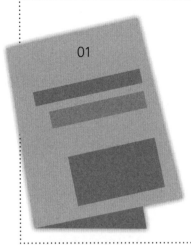

O SACRAMENTO DO BATISMO

Orientações para os que pedem o Batismo para os filhos

"O santo Batismo é o fundamento de toda a vida cristã, a porta da vida no Espírito [...] e a porta que abre o acesso aos demais sacramentos. Pelo Batismo somos libertos do pecado e regenerados como filhos de Deus, tornamo-nos membros de Cristo, somos incorporados à Igreja e feitos participantes de sua missão". (CIgC, n. 1213)

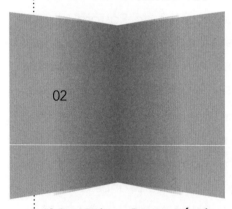

Pelo Sacramento do Batismo fomos inseridos na Igreja, passamos a fazer parte desta grande família chamada Igreja Católica Apostólica Romana, recebemos seu sobrenome: Cristãos! Membros dessa Igreja, filhos adotivos de Deus, assumimos o compromisso e a responsabilidade do mandato deixado por Jesus: *"Ide a todo mundo e pregai o Evangelho a todo criatura"* (Mc 16,15).

Dada a dignidade que o batismo confere a cada cristão, é importante observar algumas orientações:

1) Dos Pais ou Responsáveis

a) Para a validade do batizado a Igreja exige que os pais ou os responsáveis pelo batizando manifestem o desejo de batizar através do consentimento, assim bem como, manifestem a esperança de que o batizando será educado na religião católica (cf. Cân. 868, §§1 e 2).

b) Dignificado em Cristo como filho de Deus, a Igreja recomenda que os responsáveis pelo batizando cuide para que não se imponham nomes alheios ao senso cristão (cf. Cân. 855);

c) É indispensável que os pais ou responsáveis saibam que o lugar próprio para o batismo é a igreja ou oratório, visto que neste locais reúnem a comunidade de fé em que o batizando é inserido. Assim, recomenda-se que o batismo seja realizado na paróquia onde os pais ou responsáveis participam (cf. Cân. 857, §§1 e 2).

O Batismo para as crianças, só tem sentido se os que as apresentam e pedem o batismo, sejam cristãos católicos, e participem ativamente da vida da Igreja.

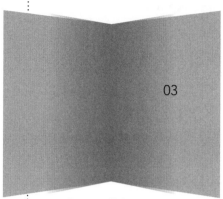

2) Do Padrinho e Madrinha

Durante o processo de Iniciação à Vida Cristã, sobretudo dos que são batizados enquanto crianças, a Igreja confia padrinhos e madrinhas, para auxiliar os futuros afilhados no entendimento e compreensão da fé e acima de tudo para ajudar-lhes a se inserir na vida eclesial e viver comunitariamente a fé professada, participando ativamente das comunidades, pastorais, movimentos e associações.

Neste sentido, os padrinhos e madrinhas escolhidos, devem ser verdadeiros exemplos de fé, devem ser engajados na vida da Igreja, ter uma vida de oração, comprometidos com o Evangelho e seu o anúncio.

Sendo assim, é preciso observar alguns critérios antes de escolher os futuros padrinhos e madrinhas, que vão muito além da amizade:

- » É suficiente apenas um só padrinho ou uma só madrinha. Se forem dois os padrinhos, que sejam um homem e uma mulher, isto é, um padrinho com uma madrinha. (cf. Cân. 873);
- » Tenha no mínimo 16 anos completos;
- » Seja católico, tendo recebido a Confirmação (crismados);
- » Já tenha recebido a Eucaristia;
- » Leve uma vida de acordo com a fé e o encargo que vão assumir, participando ativamente da Igreja e da vida da comunidade;
- » Que não tenha sido atingido por nenhuma falta canônica;
- » Que não seja o pai ou a mãe do batizando;
- » Se casado no religioso;
- » Os casais em segunda união podem ser admitidos como padrinhos, desde que deem testemunho de vida cristã, e participem ativamente na vida da Igreja;
- » Não seja amasiado;
- » Seja cristão católico comprometido na sociedade;
- » Que assuma a responsabilidade de acompanhar o crescimento do afilhado na sua vida de fé;
- » Convém que morem na mesma cidade ou próximo do afilhado para que possam estar sempre presentes no cotidiano do afilhado(a).
- » Ao dizer sim, o futuro padrinho e madrinha se compromete a acompanhar o crescimento e a formação do afilhado durante toda a Iniciação à Vida Cristã do afilhado: na catequese, participando das reuniões, o acompanhando nas celebrações dominicais e tempos fortes de oração (Natal/ Páscoa), além de contribuir com seu testemunho e sua palavra, para a perseverança na fé e na vida cristã do afilhado(a).

Visita da Pastoral do Batismo

Os agentes ou catequistas da Pastoral do Batismo, ou outro grupo devidamente preparado, deverá entrar em contato com a família que expressou o desejo de batizar, e agendar uma visita ou reunião na própria igreja para que possam explicar e orientar o sentido do batismo católico e os critérios para que isso aconteça.

Durante a visita, após se apresentarem, ouvir dos pais o porquê buscam o batismo para os filhos. Em seguida, orienta-los sobre o valor e dignidade do batismo e os critérios necessários.

Ainda perguntar sobre a escolha dos padrinhos, qual a motivação da escolha se já o tiverem feito. Se oportuno, oriente-os sobre qual o papel e função dos padrinhos e o perfil que deverão ter. Diante da realidade, orientar em como deverão proceder com relação aos padrinhos se já tiverem sido escolhido e não estiverem de acordo com a orientação da Igreja. O tópico "Orientações prévias para pais e padrinhos de batismo" poderá ajudá-los nestes esclarecimentos

Esclarecer sobre o itinerário catequético batismal que são convidados a trilhar, orientando-os das etapas, tempo e processo até atingir o ápice com a celebração do Batismo. Estando os pais de acordo, orientar sobre os encontros e agendar as datas para que possam acontecer, entregando-lhes o DIÁRIO DA FAMÍLIA e solicitar que preparem com antecedência, um pequeno altar, contendo Bíblia, vela, flores e uma imagem de um santo de devoção que tenham em casa.

§ Orientações prévias para a Pastoral do Batismo

Uma "catequese" batismal que pretenda ser um processo permanente de educação na fé[1] deve fazer uso de todos os recursos pedagógicos que favoreçam o seu desenvolvimento. É essencial o axioma de santo Agostinho segundo o qual deve-se "entender para crer e crer para entender"[2].

Como um processo mistagógico, a catequese batismal dever prever todas as situações que envolvem o percurso de discernimento e amadurecimento na fé, a fim de favorecer o caminho percorrido pelos envolvidos. Portanto, faz parte deste processo dar razões à própria fé, conhecendo-a, esclarecendo as possíveis dúvidas e pontuando as necessárias condições para que o processo seja facilitado e tenha condições de desenvolver-se.

---

[1] Cf. Cap. II Diretório Geral para a Catequese / Cap. II Diretório Nacional de Catequese.
[2] Santo Agostinho, *Comentário aos Salmos*, 118, XVIII, 3.

É neste intuito que serão prescritas algumas orientações prévias para pais e padrinhos de Batismo a serem apresentadas quando estes procurarem a Igreja, solicitando o sacramento.

Caberá aos responsáveis pela pastoral batismal e de acordo com as normas locais, estabelecer o modo como efetivar e aplicar estas orientações para pais e padrinhos. Importa que os envolvidos sejam "previamente" orientados, evitando, deste modo, desentendimentos e certos desconfortos, do tipo "eu não sabia" ou "eu achava que".

Isso posto, faz-se necessária uma orientação previa acerca de três categorias de pessoas proximamente envolvidas, isto é, o batizando, os pais (ou responsáveis) e os padrinhos, conforme solicita o Código de Direito Canônico: "os pais da criança a ser batizada, e também os que vão assumir o encargo de padrinhos, sejam convenientemente instruídos sobre o significado desse sacramento e as obrigações decorrentes. [...]" (Cân. 851, §2).

Que sejam primeiramente orientados sobre a natureza mesma do batismo, isto é, apresentando aos responsáveis:

O que é o Batismo:
- porta dos sacramentos;
- necessário para a salvação.

E que tem como efeito:
- libertar o batizando dos pecados;
- regenerar como filho de Deus;
- incorporar à Igreja;
- configurar à Cristo (cf. Cân. 849).

Tal orientação facilitará o ato de inscrição para o batismo, geralmente realizado com uma espécie de "ficha" que contenha as informações necessárias sobre o batizando, os pais e os padrinhos e a cópia de documentos que devem ser anexados.

Do Batizando

Orientações

São capazes de receber o batismo somente aqueles que ainda não o receberam (cf. Cân. 864) ou, havendo dúvida sobre a validade do batismo ou sobre o seu recebimento, batiza-se sob condição (cf. Cân. 869, §§1,2 e 3). Isto significa dizer que havendo dúvidas acerca do recebimento ou não do batismo ou, ainda, sobre a sua validade por ter sido conferido em outra comunidade não católica, administra-se o sacramento ao batizando na reta intenção de que "se" não foi batizado ou validamente conferido conforme a fé da Igreja, que este seja "agora" batizado.

Para maiores esclarecimentos sobre a validade de batismos realizados em outras Igrejas ou denominações cristãs, o *Guia Ecumênico* da CNBB, de 1979[3], afirma o seguinte, conforme transcreve a nota do Cân. 869, § 2:

A) Diversas Igrejas batizam, sem dúvida, validamente; por esta razão, um cristão batizado numa delas não pode ser normalmente rebatizado, nem sequer sob condição. Essas Igrejas são:

   a) Igrejas orientais ("ortodoxas", que não estão em comunhão plena com a Igreja católica-romana, das quais, pelo menos, seis se encontram presentes no Brasil);
   b) Igreja veterocatólica;
   c) Igreja Episcopal do Brasil ("Anglicanos");
   d) Igreja Evangélica de Confissão Luterana no Brasil (IECLB);
   e) Igreja Evangélica Luterana do Brasil (IELB);
   f) Igreja Metodista.

B) Há diversas Igrejas nas quais, embora não se justifique nenhuma reserva quanto ao rito batismal prescrito, contido, devido à concepção teológica que tem do batismo – p. ex., que o batismo não justifica e, por isso, o batismo não é tão necessário –, alguns de seus pastores, segundo parece, não manifestam sempre urgência em batizar seus fiéis ou em seguir exatamente o rito batismal prescrito: também nesses casos, quando há garantias de que a pessoa foi batizada segundo o rito prescrito por essas Igrejas, não se pode rebatizar, nem sob condição. Essas Igrejas são:

   a) Igrejas presbiterianas;
   b) Igrejas batistas;
   c) Igrejas congregacionistas;
   d) Igrejas adventistas;
   e) a maioria das Igrejas pentecostais (Assembleia de Deus, Congregação Cristã do Brasil; Igreja do Evangelho Quadrangular, Igreja de Deus é Amor, Igreja Evangélica Pentecostal "O Brasil para Cristo");
   f) Exército da Salvação (este grupo não costuma batizar, mas, quando o faz, realiza-o e modo válido quanto ao rito).

C) Há Igrejas de cujo batismo não podemos prudentemente duvidar e, por essa razão, requer-se, como norma geral, a administração de um novo batismo, sob condição. Essas Igrejas são:

   a) Igreja Pentecostal Unida do Brasil (esta Igreja batiza apenas "em nome do Senhor Jesus", e não em nome da Santíssima Trindade);
   b) "Igrejas Brasileiras" (embora não se possa levantar nenhuma objeção quanto à matéria ou forma empregadas pelas "Igrejas Brasileiras", pode-se e deve-se duvidar da intenção de seus ministros; cf. Comunicado Mensal da CNBB, setembro de 1973, p. 1227, c, n. 4; cf. também, no *Guia Ecumênico*, o verbete "Brasileiras, Igrejas");
   c) Mórmons (Negam a divindade de Cristo, no sentido autêntico e, consequentemente, seu papel redentor);

D) Com certeza, batizam invalidamente:

   a) Testemunhas de Jeová (negam a fé na Trindade);
   b) Ciência Cristã (o rito que pratica, sob o nome de batismo, tem matéria e forma certamente inválidas. Algo semelhante se pode dizer de certos ritos que, sob o nome de batismo, são praticados por alguns grupos religiosos não-cristãos, como a Umbanda).

---

[3] Em 1983 o Guia Ecumênico teve nova edição, revista e ampliada.

Caso persistam dúvidas, sobretudo sobre outras denominações religiosas cristãs, deve-se procurar o pároco para devido esclarecimento.

Em situações onde a criança incorre em perigo de morte, a Igreja pede que seja batizada sem demora (cf. Cân. 867, § 2).

Informações

Para o preenchimento da ficha para inscrição de batismo requer-se algumas informações, tais como o nome completo do batizando, sexo, data e local de nascimento.

É importante ter em mãos a cópia da certidão de nascimento para que haja exatidão na inscrição do nome e possa-se verificar outros dados, tais como a paternidade do batizando. De igual modo, é aconselhável uma cópia de algum comprovante de endereço para possível visitas pastorais, bem como algum meio de contato dos responsáveis: telefone, e-mail, entre outros.

Documentos

- Certidão de Nascimento.
- Comprovante de endereço.

Dos Pais ou Responsáveis

Orientações

Para a validade do batizado a Igreja exige que os pais ou os responsáveis pelo batizando manifestem o desejo de batizar através do consentimento, assim bem como, manifestem a esperança de que o batizando será educado na religião católica (cf. Cân. 868, §§1 e 2). Por manifestar no batizando a dignidade de filho de Deus com a vida nova que este recebe, o batismo implica a inserção do batizando na comunidade de fé como um novo membro do corpo místico de Cristo que é a Igreja, onde encontrará as condições indispensáveis para assim viver. Por isso, os responsáveis têm a obrigação de cuidar com que o batizado aconteça dentro das primeiras semanas após o nascimento, com antecipada preparação dos envolvidos (cf. Cân. 867, §§1 e 2).

Dignificado em Cristo como filho de Deus, a Igreja recomenda que os responsáveis pelo batizando cuidem para que não se imponham nomes alheios ao senso cristão (cf. Cân. 855). Geralmente, os nomes têm uma origem e um significado e às vezes exprimem uma certa identidade ou uma missão. Portanto, recomenda-se que se faça uma pesquisa sobre a origem e o significado do nome que se pretende dar ao batizando e que se evitem aqueles que contradizem qualquer aspecto da fé ou que futuramente venham causar constrangimentos ao batizando.

É indispensável que os pais ou responsáveis saibam que o lugar próprio para o batismo é a igreja ou oratório, visto que estes locais reúnem a comunidade de fé em que o batizando é inserido. Assim, recomenda-se que o batismo seja realizado na paróquia onde os pais ou responsáveis participam (cf. Cân. 857, §§1 e 2). Em casos específicos de transferência de local para a realização do batismo, observa-se sempre as normas locais diocesanas e paroquiais.

Informações

Como no caso do batizando, aconselha-se munir-se de algum documento para maior precisão no preenchimento do nome completo, entre outros. De igual modo, é necessário obter algum meio de contato dos pais ou responsáveis, tais como o número de telefone, e-mail, endereço, etc.

Para fins pastorais e evitar alguns desconfortos na preparação e administração do batismo, é aconselhável que haja precisão sobre o estado civil dos pais ou responsáveis. Isto é, se são solteiros ou casados no civil e religioso, amasiados, separados, desquitados, divorciados, segunda união ou viúvos.

Do mesmo modo e para a mesma finalidade pastoral, procure saber se os pais ou responsáveis possuem os sacramentos da iniciação cristã (Batismo, Crisma e Eucaristia) e os instrua acerca da necessidade e da unidade destes sacramentos na vida do cristão.

A situação civil dos pais ou responsáveis e a sua vida de fé não comprometem em nada o direito da criança ao batismo. O que deles exige-se é o consentimento e o compromisso em educar o batizando na religião católica, conforme exposto anteriormente nas orientações. Entretanto, observa-se outra(s) exigência(s) ou orientações colocadas pela Igreja local.

Documentos

- Certidão de Nascimento (se solteiros).
- Certidão de casamento civil/religioso (se casados).

Dos Padrinhos

Orientações

Em vista de conduzir o afilhado numa vida de acordo com o batismo e cumprir fielmente todas as suas obrigações na fé, a Igreja admite um padrinho ou uma madrinha para, junto aos pais ou responsáveis, apresentar a criança ao batismo e acompanhá-la no processo de Iniciação à Vida Cristã (cf. Cân. 873).

É suficiente apenas um só padrinho ou uma só madrinha. Se forem dois os padrinhos, que sejam um homem e uma mulher, isto é, um padrinho e uma madrinha. (cf. Cân. 873).

Para que alguém possa assumir validamente o apadrinhamento é necessário que sejam observadas as prescrições citadas no Cânone 874, apresentadas na sequência, além de outras prescritas pela própria diocese ou comunidade local:

§ 1. Para que alguém seja admitido para assumir o encargo de padrinho é necessário que:

1º seja designado pelo próprio batizando, por seus pais ou por quem lhes faz as vezes, ou, na falta deles, pelo próprio pároco ou ministro, e tenha aptidão e intenção de cumprir esse encargo;

2º tenha completado dezesseis anos de idade, a não ser que outra idade tenha sido determinada pelo Bispo diocesano, ou pareça ao pároco ou ministro que se deva admitir uma exceção por justa causa;

3º seja católico [batizado segundo a fé católica], confirmado [crisma], já tendo recebido o santíssimo Sacramento da Eucaristia e leve uma vida de acordo com a fé e o encargo que vai assumir;

4º não se encontre atingido por nenhuma pena canônica legitimamente irrogada ou declarada;

5º não seja pai ou mãe do batizando.

§ 2. Quem é batizado e pertence a uma comunidade eclesial não-católica só seja admitido junto com um padrinho católico, e apenas como testemunha do batismo.

A idoneidade na fé professada pelos padrinhos é indispensável para que o batizando possa crescer na fé assumida. Sobretudo quando os pais ou responsáveis carecem de uma idoneidade exemplar.

Informações

Do mesmo modo do caso do batizando e dos pais, proceda-se também para os padrinhos, apropriando de um documento para que haja exatidão no preenchimento dos dados necessários.

Além dos dados pessoais (nome, endereço, etc.), é necessário verificar com maior precisão o estado civil dos padrinhos, considerando as orientações mencionadas. Igualmente, observe-se a situação sacramental dos padrinhos, averiguando se possuem os sacramentos da iniciação: batismo, eucaristia e crisma.

Pastoralmente, aconselha-se precisar algumas informações acerca da vida de fé dos padrinhos, perguntando sobre a paróquia em que participam e se possuem algum outro tipo de compromisso na fé cristã por meio de alguma obra de evangelização, serviço ou ministério pastoral desempenhados na comunidade pertencente.

Na mesma perspectiva pastoral, é aconselhável que os padrinhos, conscientes de sua missão e compromisso, tenham condições de acompanhar seus afilhados no processo de crescimento e educação na fé.

Também para os padrinhos deve-se observar outra(s) exigência(s) ou orientações colocadas pela Igreja local.

Documentos

- Algum documento civil: RG, CPF, Certidão de Nascimento (para solteiros).
- Certidão de Matrimônio Religioso (se casados na Igreja Católica).
- Certidão de Crisma.

Da preparação para pais e padrinhos

Segundo as normas da Igreja, os pais ou responsáveis pelo batizando e seus padrinhos devem ser instruídos sobre o significado do sacramento e suas obrigações, através de exortações pastorais, cursos de batismo, visita às famílias, entre outros (cf. Cân. 851, § 2).

Aconselha-se pastoralmente, que se faça uma espécie de catequese batismal para que os envolvidos cresçam no conhecimento sobre o valor e o significado do batismo e adquiram maior consciência em suas obrigações.

Com a mesma solicitude pastoral, procure-se definir o dia, o local e o horário da preparação aos que irão participar, levando em conta a possibilidade e favorecer tal participação.

Outras Orientações

As orientações mencionadas, estão fundamentadas na lei canônica da Igreja universal, válidas para todos os territórios. Entretanto, cada Diocese tem autonomia na aplicação destas normas e pode acrescentar outras normas locais através da autoridade do bispo. Por isso, deve-se observar as normas locais geralmente, encontram-se no Diretório diocesano do Batismo ou dos sacramentos ou, ainda, através de outras formas de publicação.

Ainda, para todos os responsáveis e envolvidos na vida do batizando, observe-se o que prescreve-se no Código de Direito Canônico:

> Cân. 750 – §1. Deve-se crer com fé divina e católica em tudo o que se contém na palavra de Deus escrita ou transmitida por Tradição, ou seja, no único depósito da fé confiado à Igreja, quando ao mesmo tempo é proposto como divinamente revelado quer pelo magistério solene da Igreja, quer pelo seu magistério ordinário e universal; isto é, o que se manifesta na adesão comum dos fiéis sob a condução do sagrado magistério; por conseguinte, todos têm a obrigação de evitar quaisquer doutrinas contrárias. §2. Deve-se ainda firmemente aceitar e acreditar também em tudo o que é proposto de maneira definitiva pelo magistério da Igreja em matéria de fé e costumes, isto é, tudo o que se requer para conservar santamente e expor fielmente o depósito da fé; opõe-se, portanto, à doutrina da Igreja Católica quem rejeitar tais proposições consideradas definitivas.

> Cân. 751 – Chama-se heresia a negação pertinaz, após a recepção do batismo, de qualquer verdade que se deva crer com fé divina e católica, ou a dúvida pertinaz a respeito dela; apostasia, o repúdio total da fé cristã; cisma, a recusa de sujeição ao Sumo Pontífice ou de comunhão com os membros da Igreja a eles sujeitos.

Primeira Etapa

Catequese durante a gestação

Eis que conceberás e darás à luz um filho e lhe porás o nome de Jesus. Ele será grande e será chamado Filho do Altíssimo. O Senhor Deus lhe dará o trono de Davi, seu pai. Ele reinará na casa de Jacó pelos séculos e seu reino não terá fim. (...) Disse então Maria: "Eis aqui a serva do Senhor. Aconteça comigo segundo tua palavra!". (Lc 1,31.38)

Orientações Gerais

1. Os sete encontros poderão ser realizados a partir do segundo mês da gestação ou organizados de acordo com a possibilidade do tempo que ainda resta antes do nascimento do bebê.

2. Procure-se viabilizar a participação dos familiares dos genitores, bem como a participação dos padrinhos do futuro batizando se estes já foram definidos pelos genitores e estão de acordo com as condições que a Igreja exige.

3. Agendar com antecedência os encontros na casa dos genitores.

4. Comunicar aos genitores que preparem o local da residência para os encontros com uma pequena mesa ou qualquer outro tipo de suporte para colocar os símbolos utilizados nos encontros. Caso os encontros se realizem na comunidade preparar a ambientação sugerida para os encontros no espaço em que se realizarão.

5. Para todos os encontros serão utilizados os seguintes sinais da fé: A Bíblia, vela e um pequeno vaso com flores.

6. Para facilitar a comunicação entre os participantes é aconselhável algum tipo de identificação pessoal de cada membro da Equipe da Pastoral do Batismo ou da equipe responsável pelos encontros.

7. Cada um dos encontros deverá ser preparado com antecedência, estando atentos aos sinais da fé que serão utilizados, bem como a distribuição de funções.

No amor, gestar a vida cristã

Preparando o Encontro

Além de tudo quanto está prescrito nas orientações gerais, deve-se previamente preparar para este encontro:

- Uma Bíblia a ser doada à mãe acaso a família não a tenha e uma vela pequena que deverá ser acesa durante a oração inicial para significar que a luz da Palavra e a luz da fé são dadas pela e na fé Igreja.

- Para o Compromisso deste Encontro, preparar cópias da oração que conclui o momento "*Iniciando nosso encontro*", para serem entregues aos familiares que vieram participar do encontro com os genitores.

- Por ser o primeiro encontro, a equipe responsável cuide com devida atenção para que se exerça uma fraternal e alegre acolhida.

INICIANDO NOSSO ENCONTRO

Dirigente: Querida gestante e demais membros desta família e da comunidade que hoje se reúnem neste lar para suplicar as bênçãos de Deus sobre esta nova vida cristã que gestamos na fé: Sejam bem-vindos!

A Igreja se alegra juntamente com os genitores desta nova vida cristã ao participar com a oração e o amor fraterno na gestação de mais um filho de Deus.

Expressando nossa fé no Deus da vida, iniciemos este nosso encontro com o sinal da nossa fé.

Dirigente: Em nome do Pai e do Filho e do Espírito Santo.

Todos: Amém!

Dirigente: O Senhor Jesus que disse "Eu sou o caminho, a verdade e a vida" (Jo 14,6), esteja convosco.

Todos: Bendito seja Deus que nos reuniu no amor de Cristo!

O dirigente ou um membro da equipe responsável aproxima-se da gestante com a Bíblia e entrega-lhe dizendo:

Dirigente: *Recebe a Palavra de Deus, que é Cristo Jesus, o Filho de Deus que se fez carne e habitou entre nós.*

A gestante recebe a Bíblia e em seguida responde:

Gestante: Faça-se em mim segundo a tua Palavra.

Em seguida, beija a Bíblia e abrindo-a, coloca ao lado da vela, no ambiente preparado.

O dirigente ou um membro da equipe responsável aproxima-se da gestante com uma vela acesa e entrega-lhe dizendo:

Dirigente: *Recebe a Luz do Cristo Ressuscitado, por meio do qual nascemos para a vida eterna.*

A gestante recebe a vela e em seguida responde:

Gestante: Bendito é o fruto do meu ventre, gestado na luz do Senhor.

A gestante acende com esta vela a vela menor que já estará sobre a mesa, significando a vida que está sendo gestada em seu ventre.

Todos fazem a seguinte oração:

Todos: Ó Deus, nosso Pai,
que desde a criação do mundo
iluminastes todas as criaturas com o clarão do vosso amor.
Concedei que por meio da luz radiante de vosso Filho Jesus Cristo,
sejam dissipadas as trevas do mal
e fazei que esta nova vida gestada na fé e no amor,
chegue com perfeita saúde à luz deste mundo.
Iluminai e assisti com o auxílio do Espírito Santo
a mãe desta criança, *(dizer o nome da mãe)*,
para que geste no coração e na vida,
o fruto bendito do seu ventre.
Que a exemplo da Sagrada Família de Nazaré,
estejam todos unidos pelo vínculo de amor
que existe no seio da Trindade Santa. Assim seja!

ILUMINADOS PELA VIDA

Dirigente: A vida é sempre um dom de Deus. Como graça divina, ela é fruto do amor de Deus e do amor conjugal. Por isso, queremos conhecer a história de amor que Deus realizou na vida deste casal (ou: desta mãe), partilhando conosco um pouco de sua vida conjugal (ou apenas: de sua vida) e sobre este início na gestação de uma nova vida cristã. Ouçamos:

Neste primeiro encontro, pede-se à gestante e ao cônjuge que partilhem brevemente sobre a vida de casal/família (ou somente a mãe) e sobre a gestação. Este momento é importante para que os participantes do encontro familiarizem com a vida dos genitores e conheçam todo o processo que motivou esta gestação e saibam quais são os anseios e necessidades expressos pelos genitores.

(Partilha do casal ou da mãe.)

ILUMINADOS PELA PALAVRA DE DEUS E DA IGREJA

Após a recordação da vida o dirigente motiva as pessoas a ficarem em silêncio para ouvirem com atenção a Palavra de Deus. Um membro da equipe responsável tomando a Bíblia na mão, proclama o texto, que pode ser precedida por um canto de aclamação.

Texto Bíblico: Jo 1,1-17.

Dirigente: A leitura que acabamos de ouvir nos revela como Deus criou todas as coisas por meio da luz da Palavra que é seu Filho Jesus Cristo. Pois eis que "Nela estava a vida, e a vida era a luz dos homens".

Todos: E a Palavra se fez homem e habitou entre nós.

Leitor: Diz ainda a Palavra de Deus, na carta aos Colossenses, que Jesus Cristo "é a imagem do Deus invisível, o primogênito de toda criatura; porque nele foram criadas todas as coisas, tanto as celestes como as terrestres, as visíveis como as invisíveis... Tudo foi criado por meio dele e para ele. Ele existe antes de todas as coisas e tudo nele subsiste" (Cl 1,15-17).

Todos: Demos graças a Deus Pai que na luz nos permitiu participar da vida de seu Filho Jesus Cristo.

PALAVRA DA IGREJA

Dirigente: O Catecismo da Igreja Católica nos ensina que "por ser à imagem de Deus, o indivíduo humano tem a dignidade de pessoa: ele não é apenas uma coisa, mas alguém. É capaz de conhecer-se, de possuir-se e de doar-se livremente e entrar em comunhão com outras pessoas, e é chamado, por graça, a uma aliança com seu Criador, a oferecer-lhe uma resposta de fé e de amor que ninguém pode dar em seu lugar" (CIgC, n. 357).

Todos: Bendito seja Deus que nos criou no amor de Cristo.

ILUMINADOS PELA PARTILHA DA PALAVRA

O dirigente motiva os participantes, sobretudo o casal que acolhe e demais membros da família que se fazem presentes, a partilharem as respostas das questões iluminadas pela Palavra de Deus, palavra da Igreja e a recordação da vida.

1. O que mais me tocou no texto do Evangelho?

2. Por que Deus criou tudo por e no amor?

3. O que significa dizer que o indivíduo humano é uma pessoa e não uma coisa?

4. Como os genitores colaboram com a criação de Deus gestando um filho?

REZAR A PALAVRA DE DEUS

O dirigente convida o pai ou algum outro membro da família para que possa invocar as preces, e as introduz com estas palavras:

Dirigente: Roguemos a Deus Pai, Criador de todas coisas, que por meio de seu Filho Jesus Cristo acolha as súplicas que humildemente confiamos:

R. Iluminai-nos Senhor, com o vosso amor.

Leitor: Para que a vida humana seja respeitada em todas as etapas do seu desenvolvimento, sobretudo em seu processo de gestação, rezemos. **R.**

Leitor: Pela saúde desta gestante que carrega em seu ventre materno o fruto bendito do amor de Deus e dos homens, rezemos. **R.**

Leitor: Para que não falte à esta nova vida humana o amor de seus genitores e de seus familiares, a fim de que se desenvolva nutrida pelos valores da fé cristã e chegue um dia à luz do mundo agraciada pela vida cristã, rezemos. **R.**

(Preces espontâneas.)

Dirigente: Manifestando a alegria por sermos iluminados neste encontro fraterno da vida, rezemos, como filhos e filhas de Deus nosso Pai, a oração que Jesus nos ensinou:

Todos: Pai nosso que estais nos céus, santificado seja o vosso nome...

Dirigente: À Maria, a serva fiel que acolheu no seu ventre e em sua vida a Palavra do Senhor, recorremos, pedindo a sua maternal intercessão para este novo filho de Deus que está sendo gestado à luz da fé cristã católica, rezemos:

Todos: Ave Maria, cheia de graça, o Senhor é convosco...

Dirigente: Bem-aventurada aquela que acreditou.

Todos: Porque vai acontecer o que o Senhor lhe prometeu.

Dirigente: Glória ao Pai e ao Filho e ao Espírito Santo.

Todos: Como era no princípio, agora e sempre. Amém!

Em seguida, pode-se cantar um canto conhecido e apropriado.

O dirigente, encerra o encontro apresentando e transmitindo os compromissos deste encontro deste encontro e possíveis comunicados.

COMPROMISSO DESTE ENCONTRO

- Para os genitores:
    a) Propor que conversem e reflitam sobre o que é para eles gestar seu filho na fé, como desejam transmitir e testemunhar a fé a criança que está sendo gestada.

Depois, registrem ao lado da foto do encontro algumas ações, atitudes surgidas desta conversa e reflexão, que almejam realizar no processo de educar seu filho na fé.

   b) Para os genitores: pedir-lhes para que a partir deste encontro procurem rezar todos os dias a oração do Ângelus: O anjo do Senhor anunciou a Maria, e ela concebeu do Espírito Santo..., impresso no final do Diário da família – Algumas Orações Cristãs.

- Para os demais familiares: pedir-lhes para que a partir deste encontro procurem rezar todos os dias a oração que conclui o momento Iniciando nosso encontro: "Ó Deus, nosso Pai, que desde a criação do mundo..." em intenção da gestante e da criança.

COMUNICADOS

O dirigente transmite aos participantes alguns avisos necessários. Inclusive, a data do próximo encontro e algo que necessite ser preparado antecipadamente.

Registrar este célebre momento

No *Diário* da família há um espaço reservado para colar uma foto do encontro. O dirigente poderá incentivar o registro fotográfico deste momento. Propor para que ao lado da foto escrevam as atitudes que *desejam realizar para transmitir e testemunhar a fé a essa criança que está sendo gestada, como parte de seu processo de educação na fé.* Esclarecer que junto a foto o texto irá contribuir para que tenham um histórico de sua preparação durante a espera do nascimento da criança. Este servirá para compartilhar com o filho(a) o quanto foi amado e esperado por sua família.

Gestar a vida cristã na luz da Palavra

Preparando o Encontro

Além de tudo quanto está prescrito nas orientações gerais, deve-se previamente preparar para este encontro:

- Para a dinâmica "Gestando na Palavra", preparar um cartaz com a figura do menino Jesus ao centro. Vários corações de papel e canetas ou pincéis para que os participantes possam escrever e depois colá-los no cartaz, ao redor do menino Jesus.

- Para o Compromisso deste Encontro, preparar cópias da Oração do Magnificat a serem entregues aos familiares que não tiverem o *Diário* da família.

- A equipe responsável procure chegar com um pouco de antecedência e ouvir informalmente dos genitores sobre o que lhes aconteceu desde o último encontro, como por exemplo, visitas ao médico, as situações de saúde da genitora, etc.

INICIANDO NOSSO ENCONTRO

Dirigente: Sejam todos bem-vindos para este segundo encontro. Hoje queremos celebrar o dom da vida cristã iluminada pela Palavra de Deus e nutrida com as palavras amorosas e edificantes de seus genitores e familiares.

Em comunhão com Deus Pai que nos comunica em Cristo sua Palavra de amor na ação do Espírito Santo, iniciemos com o sinal da cruz.

Dirigente: Em nome do Pai e do Filho e do Espírito Santo.

Todos: Amém!

Dirigente: O Senhor Jesus que disse "Eu sou o caminho, a verdade e a vida" (Jo 14,6), esteja convosco.

Todos: Bendito seja Deus que nos reuniu no amor de Cristo!

Dirigente: Que a graça e a Paz de Deus nosso Pai, que hoje nos reuniu em nome do seu filho, Jesus Cristo, esteja sempre convosco!

Todos: Bendito seja Deus que nos reuniu no amor de Cristo!

Dirigente: Vamos invocar o Espírito Santo de Deus, para vir em nosso auxílio, para que possamos ouvir atentamente a Palavra de Deus, meditar e guardá-la em nosso coração. Rezemos juntos:

Todos: "Vinde Espírito Santo, enchei..."

Em seguida, todos rezam a oração.

Todos: Ó Deus, nosso Pai,
que desde a criação do mundo
iluminastes todas as criaturas com o clarão do vosso amor.
Concedei que por meio da luz radiante de vosso Filho Jesus Cristo,
sejam dissipadas as trevas do mal
e fazei que esta nova vida gestada na fé e no amor,
chegue com perfeita saúde à luz deste mundo.
Iluminai e assisti com o auxílio do Espírito Santo
a mãe desta criança, *(dizer o nome da mãe)*,
para que geste no coração e na vida,
o fruto bendito do seu ventre.
Que a exemplo da Sagrada Família de Nazaré,
estejam todos unidos pelo vínculo de amor
que existe no seio da Trindade Santa. Assim seja!

ILUMINADOS PELA VIDA

Dirigente: Toda nossa existência cristã é edificada pela escuta da Palavra. O Deus que criou todas as coisas por meio da Palavra, sustenta todas elas pela força criadora da mesma Palavra. Portanto, a palavra boa, dita no amor, nutre e edifica a vida de quem nelas referimos ou através delas nos comunicamos. Dita com amor, ela gera comunhão de vida. Enquanto a palavra má, ocasiona divisões entre as pessoas e provoca discórdias que fomentam o fermento da maldade, da inveja, do ódio, da vigança, entre outros. Resumidamente, a palavra boa gera a vida enquanto a palavra má destrói e gera a morte.

Neste momento, vamos recordar e partilhar as boas palavras que pronunciamos ou que foram dirigidas a nós no decurso deste dia ou durante esta semana.

Fundamentada no tema de hoje e na força que as palavras exercem sobre a nossa vida, a recordação da vida deste encontro deverá ser motivada para que os participantes possam espontaneamente pronunciar as palavras boas e edificantes que pronunciaram ou ouviram no decurso do dia ou da semana. Cabe ao dirigente motivar os participantes.

(Partilha espontânea dos participantes.)

ILUMINADOS PELA PALAVRA DE DEUS E DA IGREJA

Após a recordação da vida o dirigente motiva as pessoas a ficarem em silêncio para ouvirem com atenção a Palavra de Deus. Um membro da equipe responsável tomando a Bíblia na mão, proclama o texto.

Texto Bíblico: Gn 1,1-28.

Dirigente: A leitura que acabamos de ouvir nos revela como Deus criou todas as coisas com a luz da sua Palavra. Ele diz e todas as coisas passam a existir pela força criadora da sua Palavra de amor.

Todos: A tua Palavra Senhor é luz para a nossa vida.

Leitor: A Palavra de Deus diz que no sexto dia Deus criou o homem à sua imagem e semelhança. E que os criou homem e mulher. Este é o projeto original de Deus realizado no seu Amor e que compreende a nossa identidade.

Todos: E Deus viu tudo o que havia feito, e tudo era muito bom.

PALAVRA DA IGREJA

Dirigente: Na oração do *Ângelus* de 23 de agosto de 2015, o Papa Francisco, comentando sobre a conclusão do Evangelho de São João, afirma: "Pedro faz a sua confissão de fé em nome dos outros Apóstolos: «Senhor, para quem iremos nós? Tu tens as palavras da vida eterna» (Jo 6,68). [...] A partir desta interrogação de Pedro, compreendemos que a fidelidade a Deus é questão de fidelidade a uma pessoa, com a qual nos unimos para caminhar juntos pela mesma estrada. E esta pessoa é Jesus. Tudo o que temos no mundo não sacia a nossa fome de infinito. Precisamos de Jesus, de estar com Ele, de alimentarmo-nos à sua mesa, com as suas palavras de vida eterna!".

ILUMINADOS PELA PARTILHA DA PALAVRA

O dirigente motiva os participantes a partilharem as respostas das questões iluminadas pela Palavra de Deus, palavra da Igreja e a recordação da vida.

1. O que mais me tocou no texto que narra a criação no livro do Gênesis?
2. Como a Palavra de Deus ilumina a nossa vida?
3. Como nutrir a gestação com palavras de otimismo que promovam a vida e evitar palavras más?
4. Por que a nossa fé diz não ao aborto?

REZAR A PALAVRA DE DEUS

O dirigente convida o pai ou algum outro membro da família para que possa invocar as preces, introduzindo-as com estas palavras:

Dirigente: A Deus Pai que nos dirige constantemente sua Palavra de amor, apresentemos nossa resposta por meio de nossas súplicas:

R. Iluminai-nos Senhor, como a vossa Palavra de vida eterna.

Leitor: Para que jamais falte as palavras de vida eterna em nossas famílias, sobretudo a esta criança que está sendo gestada na fé, rezemos. **R.**

Leitor: Para que esta criança em processo de gestação seja alimentada constantemente pelo amor e carinho de seus pais e seus familiares, rezemos. **R.**

Leitor: Para que os genitores acolham na vontade de Deus o filho que lhes prouver, sendo este um menino ou uma menina, rezemos. **R.**

(Preces espontâneas.)

GESTO SIMBÓLICO: GESTANDO NA PALAVRA

A equipe responsável pelo encontro deverá preparar uma cartolina branca e que contenha no meio a imagem do menino Jesus, significando a criança em gestação. Em seguida, entregará aos participantes um pequeno coração de papel, onde deverão escrever uma palavra que expresse o que querem nutrir nesta nova vida que está sendo gestada na fé. Este momento pode ser acompanhado por um canto apropriado. Quando terminarem de escrever, colam o coração ao redor da figura do menino Jesus, um de cada vez.

O dirigente introduz a dinâmica com estas palavras:

Dirigente: Como Maria gestou Jesus no seu ventre maternal, nós também queremos gestar com os genitores esta nova vida cristã no ventre do nosso coração. Por isso, vamos nutri-la com boas palavras que transcreveremos neste coração e ofertaremos ao menino Jesus.

Terminada a dinâmica, colocar o cartaz junto ao pequeno altar onde encontram-se a Bíblia, a vela e o vaso com flores, onde permanecerá se possível, até o último encontro. Em seguida conclui:

Dirigente: Manifestando a alegria por sermos iluminados neste encontro fraterno da vida, rezemos, como filhos e filhas de Deus nosso Pai, a oração que Jesus nos ensinou:

Todos: Pai nosso que estais nos céus, santificado seja o vosso nome...

Dirigente: À Maria, a serva fiel que acolheu no seu ventre e em sua vida a Palavra do Senhor, recorremos, pedindo a sua maternal intercessão para este novo filho de Deus que está sendo gestado à luz da fé cristã católica, rezemos:

Todos: Ave Maria, cheia de graça, o Senhor é convosco...

Dirigente: Bem-aventurada aquela que acreditou.

Todos: Porque vai acontecer o que o Senhor lhe prometeu.

Dirigente: Glória ao Pai e ao Filho e ao Espírito Santo.

Todos: Como era no princípio, agora e sempre. Amém!

Em seguida, pode-se cantar um canto conhecido e apropriado.

O dirigente, encerra o encontro apresentando os compromissos e transmitindo os possíveis comunicados.

COMPROMISSO DESTE ENCONTRO

- Os genitores, retomem o compromisso do encontro anterior e conversem sobre as palavras no cartaz. Dentre elas elegem aquelas que expressem maior importância ao que querem nutrir nesta nova vida que está sendo gestada na fé, registrando-as ao lado da foto que marca o tempo deste encontro. Podem escolher, também, palavras que expressem comportamentos virtuosos que tanto genitores quanto a criança, devam desenvolver no relacionamento familiar.

- Motivar os genitores e aos familiares a rezarem diariamente as orações propostas no compromisso do último encontro, recordando-os que devem rezá-las até o nascimento da criança.

- Orientar para incluir na oração de ambos – genitores e familiares – a oração diária do Magnificat: "Minha alma engrandece o Senhor e meu Espírito se alegra em Deus meu salvador...", encerrando-a com o "Glória ao Pai, ao Filho e ao Espírito Santo, como era no princípio, agora e sempre. Amém!".

COMUNICADOS

O dirigente transmite aos participantes alguns avisos que se fazem necessários. Inclusive, a data do próximo encontro e algo que necessite ser preparado antecipadamente.

Registrar este célebre momento

No Diário da família há um espaço reservado para colar uma foto do encontro. O dirigente poderá incentivar o registro fotográfico deste momento, como também o registro das palavras que expressem o que querem nutrir nesta nova vida que está sendo gestada na fé e, também, aquelas que expressem comportamentos virtuosos que tanto genitores quanto a criança, devam praticar no relacionamento familiar.

3º Encontro

Gestar a vida cristã na luz da fé

Preparando o Encontro

Além de tudo quanto está prescrito nas orientações gerais, deve-se previamente preparar para este encontro.

- O cartaz do menino Jesus com os corações preparado no encontro anterior, Velas palito/pequenas para que os participantes possam fazer a Profissão de Fé na conclusão das preces.
- A equipe responsável procure chegar com um pouco de antecedência para ouvir informalmente os genitores sobre o que aconteceu-lhes desde o último encontro, como por exemplo, visitas ao médico, as situações de saúde da genitora, etc.

INICIANDO NOSSO ENCONTRO

Dirigente: Na certeza da fé cristã que nos reúne para mais um encontro, sejam todos bem-vindos. No encontro de hoje queremos celebrar o dom da vida cristã iluminada pela fé cristã. É pela fé que acolhemos a graça de Deus em nossa vida. É através da fé que temos acesso a Deus e à sua vontade. Nela penetramos nos mistérios mais profundos da nossa existência e somos gestados para a vida eterna.

Sob a luz da fé, iniciemos com o sinal da cruz.

Dirigente: Em nome do Pai e do Filho e do Espírito Santo.

Todos: Amém!

Dirigente: O Senhor Jesus que disse "Eu sou o caminho, a verdade e a vida" (Jo 14,6), esteja convosco.

Todos: Bendito seja Deus que nos reuniu no amor de Cristo!

Dirigente: Que a graça e a paz de Deus nosso Pai, que hoje nos reuniu em nome do seu filho, Jesus Cristo, esteja sempre convosco!

Todos: Bendito seja Deus que nos reuniu no amor de Cristo!

Dirigente: Vamos invocar o Espírito Santo de Deus, para vir em nosso auxílio, para que possamos ouvir atentamente a Palavra de Deus, meditar e guardá-la em nosso coração. Rezemos juntos.

Todos: "Vinde Espírito Santo, enchei..."

Em seguida, todos rezam a oração:

Todos: Ó Deus, nosso Pai,
que desde a criação do mundo
iluminastes todas as criaturas com o clarão do vosso amor.
Concedei que por meio da luz radiante de vosso Filho Jesus Cristo,
sejam dissipadas as trevas do mal
e fazei que esta nova vida gestada na fé e no amor,
chegue com perfeita saúde à luz deste mundo.
Iluminai e assisti com o auxílio do Espírito Santo
a mãe desta criança, *(dizer o nome da mãe)*,
para que geste no coração e na vida,
o fruto bendito do seu ventre.
Que a exemplo da Sagrada Família de Nazaré,
estejam todos unidos pelo vínculo de amor
que existe no seio da Trindade Santa. Assim seja!

ILUMINADOS PELA VIDA

Dirigente: A fé é dom e graça de Deus. Por meio da luz da fé temos acesso às coisas invisíveis reveladas por Deus. Nela entramos em comunhão com Deus e recebemos a vida divina através do batismo. Se por meio de nossos pais, viemos à luz deste mundo por meio do batismo e na luz da fé, nascemos para a vida eterna como filhos de Deus. Portanto, sob a luz da fé queremos recordar a data do nosso batismo, o nosso padrinho e madrinha, nossos catequistas e dizer brevemente o sentido da fé em nossa vida.

Iluminado pela temática da fé, o dirigente motive os participantes a recordar espontaneamente a data do batismo, quem são seus padrinhos de batismo e quais foram seus catequistas a instruir na fé cristã. Aos que desejarem, poderá ainda dizer algo sobre a importância da fé ao longo da sua vida. O objetivo desta recordação é despertar nos participantes a importância da educação na fé com o auxílio dos responsáveis

(Partilha espontânea dos participantes.)

ILUMINADOS PELA PALAVRA DE DEUS E DA IGREJA

Após a recordação da vida o dirigente motiva as pessoas a ficarem em silêncio para ouvirem com atenção a Palavra de Deus. Um membro da equipe responsável tomando a Bíblia na mão, proclama o texto, que pode ser precedida por um canto de aclamação ao Evangelho.

Texto Bíblico: Jo 14,1-7.

Dirigente: O texto do Evangelho narrado por são João afirma que pela luz da fé encontramos paz em nosso coração. Pela fé temos a certeza de que não estamos sós e que o Senhor vem em auxílio das nossas necessidades, dissipando o medo e toda espécie de escuridão.

Todos: O Senhor é a luz da nossa fé: Ele é o Caminho, a Verdade e a Vida.

Leitor: Pelo amor Deus nos dá a graça de habitar no aconchego do ventre materno. Pelo mesmo amor e pela fé nos acolhe no ventre materno da Igreja, gerando para a vida eterna nas águas batismais.

Todos: Vede que grande presente de amor o Pai nos deu: sermos chamados filhos de Deus.

PALAVRA DA IGREJA

Dirigente: O papa Francisco, na carta encíclica *Lumen Fidei* – A Luz da Fé –, diz que "Aquele que acredita, ao aceitar o dom da fé, é transformado numa nova criatura, recebe um novo ser, um ser filial, torna-se filho no Filho: «*Abbá*, Pai» é a palavra mais característica da experiência de Jesus, que se torna centro da experiência cristã (cf. Rm 8, 15)". (LF 19)

ILUMINADOS PELA PARTILHA DA PALAVRA

O dirigente motiva os participantes a partilharem as respostas das questões iluminadas pela Palavra de Deus, palavra da Igreja e a recordação da vida.

1. O que mais me tocou no texto do Evangelho segundo São João?
2. Como é que a fé pode iluminar a nossa vida?
3. Como gestar com a luz da fé esta criança ainda no ventre materno?
4. Por que através da fé nos tornamos filhos de Deus?

REZAR A PALAVRA DE DEUS

O dirigente convida um dos participantes para que possa invocar as preces, introduzindo-as com estas palavras:

Dirigente: Na certeza de que a luz da fé nos coloca em comunhão com o Deus da vida, elevemos a Ele as nossas súplicas.

R. Iluminai-nos Senhor, com o dom da fé.

Leitor: Para que esta vida nova gestada no ventre materno e no coração de seus familiares seja, desde já, nutrida pela luz da fé que é por nós professada e testemunhada, rezemos. **R.**

Leitor: Para que a luz da fé nos liberte do pecado, da tristeza, do vazio interior e do isolamento, rezemos. **R.**

Leitor: Para que a luz da fé conduza esta criança ao seu nascimento, a fim de que se torne filha de Deus nas águas do batismo, rezemos. **R.**

(Preces espontâneas.)

O dirigente conclui as preces convidando todos a professar a fé que recebemos no batismo. Para significar a fé como luz do Cristo Ressuscitado em nossa vida, cada um dos participantes acenda uma vela palito para fazer a sua profissão de fé. Após todos estarem com a vela acesa, o dirigente convida à profissão com estas palavras:

Dirigente: Concluamos as nossas preces, professando a fé que recebemos da Igreja:

Todos: Creio em um só Deus, Pai Todo-Poderoso, criador do céu e da terra, / de todas as coisas visíveis e invisíveis. / Creio em um só Senhor, Jesus Cristo, Filho Unigênito de Deus, / nascido do Pai antes de todos os séculos: Deus de Deus, luz da luz, / Deus verdadeiro de Deus verdadeiro, / gerado, não criado, consubstancial ao Pai. / Por ele todas as coisas foram feitas. / E por nós, homens, e para nossa salvação, desceu dos céus: *e se encarnou pelo Espírito Santo, / no seio da Virgem Maria, e se fez homem.* / Também por nós foi crucificado sob Pôncio Pilatos; / padeceu e foi sepultado. / Ressuscitou ao terceiro dia, / conforme as Escrituras, / e subiu aos céus, / onde está sentado à direita do Pai. / E de novo há de vir, / em sua glória, / para julgar os vivos e os mortos; / e o seu reino não terá fim. / Creio no Espírito Santo, / Senhor que dá a vida, / e procede do Pai e do Filho; / e com o Pai e o Filho é adorado e glorificado: / ele que falou pelos profetas. / Creio na Igreja, una, santa, católica e apostólica. / Professo um só batismo para remissão dos pecados. / E espero a ressurreição dos mortos / e a vida do mundo que há de vir. Amém!

Apagam-se as velas e o dirigente conclui o encontro com a oração final.

Dirigente: Manifestando a alegria por sermos iluminados neste encontro fraterno da vida, rezemos, como filhos e filhas de Deus nosso Pai, a oração que Jesus nos ensinou:

Todos: Pai nosso que estais nos céus, santificado seja o vosso nome...

Dirigente: À Maria, a serva fiel que acolheu no seu ventre e em sua vida a Palavra do Senhor, recorremos, pedindo a sua maternal intercessão para este novo filho de Deus que está sendo gestado à luz da fé cristã católica, rezemos:

Todos: Ave Maria cheia de graça, o Senhor é convosco...

Dirigente: Bem-aventurada aquela que acreditou.

Todos: Porque vai acontecer o que o Senhor lhe prometeu.

Dirigente: Glória ao Pai e ao Filho e ao Espírito Santo.

Todos: Como era no princípio, agora e sempre. Amém!

Em seguida, pode-se cantar um canto conhecido e apropriado.

O dirigente, encerra o encontro apresentando os compromissos e transmitindo possíveis comunicados.

COMPROMISSO DESTE ENCONTRO

- Motivar os genitores e os familiares a rezarem diariamente as orações propostas no compromisso dos dois primeiros encontros.
- Se possível, cada participante do encontro procure estar visitando os seus padrinhos de batismo ou seu(s) afilhado(s) de batismo.
- Orientar os genitores para que comecem a pensar quem irão convidar para serem os padrinhos de batismo da criança que está sendo gestada. Nesse processo é preciso saber se os candidatos a padrinhos estão de acordo com o que a fé cristã católica exige.
- Eleger as principais qualidades que consideram necessárias aos padrinhos de seu filho(a) e analisá-las em relação àqueles que relacionarem como candidatos a padrinhos.

COMUNICADOS

O dirigente transmite aos participantes alguns avisos que se fazem necessários. Inclusive, a data do próximo encontro e algo que necessite ser preparado antecipadamente.

Registrar este célebre momento

No *Diário* da família há um espaço reservado para colar uma foto do encontro. O dirigente poderá incentivar o registro fotográfico deste momento, como também, que escrevam as qualidades que desejam para os padrinhos de seu filho(a).

4º Encontro

Gestar a vida cristã na luz da oração

Preparando o Encontro

Além de tudo que estava presente no encontro passado, preparar:

- Uma imagem de Nossa Senhora para compor o espaço celebrativo se na casa da família não houver.

- Uma vela para que a gestante possa segurá-la no decorrer da oração de bênção para grávidas.

- Água benta em um recipiente adequado para que possa ser utilizada na aspersão durante a bênção para grávidas.

- A equipe responsável procure chegar com um pouco de antecedência e ouvir informalmente dos genitores sobre o que aconteceu-lhes desde o último encontro, e averiguar se precisam de alguma ajuda da comunidade. Se possível ajudá-los nas necessidades materiais, buscando algum auxílio comunitário-paroquial.

INICIANDO NOSSO ENCONTRO

Dirigente: Na alegria que brota da fé, sejam todos bem-vindos. Hoje queremos celebrar o dom da vida cristã iluminada pela força da oração. É na oração que Deus Pai vem ao nosso encontro por meio de seu Filho, Jesus Cristo. Nela Deus fala no íntimo do nosso coração, iluminando toda a nossa vida. Por meio dela queremos suplicar ao Pai que abençoe esta nova família cristã que está sendo gestada na fé da Igreja.

Iniciemos nossa oração, traçando sobre nós o sinal da cruz.

Dirigente: Em nome do Pai e do Filho e do Espírito Santo.

Todos: Amém!

Dirigente: O Senhor Jesus que disse "Eu sou o caminho, a verdade e a vida" (Jo 14,6), esteja convosco.

Todos: Bendito seja Deus que nos reuniu no amor de Cristo!

Dirigente: Que a graça e a Paz de Deus nosso Pai, que hoje nos reuniu em nome do seu filho, Jesus Cristo, esteja sempre convosco!

Todos: Bendito seja Deus que nos reuniu no amor de Cristo!

Dirigente: Vamos invocar o Espírito Santo de Deus, para vir em nosso auxílio, para que possamos ouvir atentamente a Palavra de Deus, meditar e guardá-la em nosso coração.

Rezemos juntos:

Todos: "Vinde Espírito Santo, enchei..."

Em seguida, todos rezam a oração:

Todos: Ó Deus, nosso Pai,
que desde a criação do mundo
iluminastes todas as criaturas com o clarão do vosso amor.
Concedei que por meio da luz radiante de vosso Filho Jesus Cristo,
sejam dissipadas as trevas do mal
e fazei que esta nova vida gestada na fé e no amor,
chegue com perfeita saúde à luz deste mundo.
Iluminai e assisti com o auxílio do Espírito Santo
a mãe desta criança, *(dizer o nome da mãe)*,
para que geste no coração e na vida,
o fruto bendito do seu ventre.
Que a exemplo da Sagrada Família de Nazaré,
estejam todos unidos pelo vínculo de amor
que existe no seio da Trindade Santa. Assim seja!

ILUMINADOS PELA VIDA

Dirigente: Somente na luz da fé e na luz da oração é que conseguimos acolher a vontade de Deus em nossa vida e vencer as dificuldades no nosso dia a dia. É sob a luz da oração que cultivamos, interiormente e comunitariamente, o mandamento do amor a Deus e ao próximo. Na oração descobrimos que não estamos sós em todas as circunstâncias da vida. Nela, ainda, encontramos a luz para vencer as trevas do pecado e superar nossas limitações. Portanto, partilhemos um pouco sobre a nossa vida de oração.

O objetivo desta recordação é despertar nos participantes a importância da oração no cotidiano da nossa vida. Levar os participantes do encontro ao entendimento de que é necessário encontrar com Deus todos os dias através da oração, para que o amor Dele permaneça em nós e nós permaneçamos Nele.

(Partilha espontânea dos participantes.)

ILUMINADOS PELA PALAVRA DE DEUS E DA IGREJA

Após a recordação da vida o dirigente motiva as pessoas a ficarem em silêncio para ouvirem com atenção a Palavra de Deus. Um membro da equipe responsável tomando a Bíblia na mão, proclama o texto, que pode ser precedida por um canto de aclamação ao Evangelho.

Texto Bíblico: Lc 1,26-45.

Dirigente: Maria, surpreendida pelo anúncio do anjo, acolhe na luz da fé a alegre notícia que a encherá com a graça de Deus: "Eis que conceberás e darás à luz um filho e lhe porás o nome de Jesus. Ele será grande e será chamado Filho do Altíssimo" (Lc 1,31).

Todos: Sob a luz da oração, a exemplo de Maria, queremos dar o nosso sim a Deus, dizendo: "Eis aqui a serva do Senhor. Aconteça comigo segundo a tua palavra" (Lc 1,38).

Leitor: Após acolher a mensagem do anjo, Maria tem pressa em comunicar o dom da graça recebida de sua prima Isabel, que, orou dizendo: "Bendita és tu entre as mulheres, e bendito é o fruto do teu ventre!" (Lc 1,42).

Todos: Com Maria, rezamos: "O poderoso fez em mim grandes coisas: o seu nome é santo" (Lc 1,49).

PALAVRA DA IGREJA

Dirigente: No *Tratado sobre a Oração do Senhor* de São Cipriano, ele diz: "...quanta consideração por nós e quanta riqueza de bondade em querer que realizássemos nossa oração, na presença de Deus, chamando-o de Pai, e que da mesma forma que Cristo é Filho de Deus, também nós recebemos o nome de filhos de Deus. Nenhum de nós ousaria chamá-lo Pai na oração, se ele próprio não nos permitisse orar assim. Irmãos diletíssimos, cumpre-nos ter sempre em mente e saber que, quando damos a Deus o nome de Pai, temos de agir como filhos: como a nossa alegria está em Deus Pai, também ele encontre a sua alegria em nós. Vivamos quais templos de Deus, para que se veja que em nós habita o Senhor". (Nn. 11-12: CSEL 3,274-275)

ILUMINADOS PELA PARTILHA DA PALAVRA

O dirigente motiva os participantes a partilharem as respostas das questões iluminadas pela Palavra de Deus, palavra da Igreja e a recordação da vida.

1. O que mais me tocou no texto do Evangelho segundo São Lucas?
2. Como fazer com que a oração seja um diálogo com Deus nosso Pai?
3. Como gestar com a luz da oração esta criança ainda no ventre materno?
4. Estamos sendo fiéis nas orações que propomos fazer desde o primeiro encontro para que esta criança seja gestada sob a luz da nossa oração?

REZAR A PALAVA DE DEUS

O dirigente convida um dos participantes para que possa invocar as preces introduzindo-as com estas palavras:

Dirigente: Sob a luz da oração, apresentemos nossas súplicas a Deus, nosso Pai.

R. Atendei, ó Senhor, a nossa oração.

Leitor: Para que esta vida nova gestada no ventre materno e no coração de seus familiares seja, desde já, nutrida pela luz da nossa oração fraterna, rezemos. **R.**

Leitor: Para que a luz da oração nos auxilie nos momentos difíceis da vida e faça de nós uma habitação do Senhor, rezemos. **R.**

Leitor: Para que a luz da oração nutra esta criança com o amor de Deus-Pai, concedendo-lhe saúde e livrando-a de todos os males, rezemos. **R.**

(Preces espontâneas.)

O dirigente conclui as preces convidando todos à oração de bênção para grávidas (adaptação da "oração antes do parto" do Ritual de Bênçãos), conforme o rito descrito abaixo:

BÊNÇÃO PARA GRÁVIDAS

Se o pai estiver presente, ele então toma uma vela acesa e se aproxima da mãe, mantendo-a acesa até o final da oração. Na ausência do pai, a própria mãe pode fazer as vezes dele, segurando a vela acesa. Se os avós da criança que está sendo gestada estiverem presentes, colocá-los próximos da gestante, bem como o(s) outro(s) filho(s) do próprio casal, se já são pais. Tudo organizado, o dirigente convida os demais a estenderem a mão direita em direção à grávida e inicia a oração:

Dirigente: Estendendo nossa mão direita em direção a esta mãe, peçamos a Deus-Pai que a abençoe juntamente com o fruto bendito que traz em seu ventre. Rezemos:

Todos: Senhor Deus, criador do gênero humano, cujo Filho, pelo poder do Espírito Santo, se dignou nascer da Virgem Maria, para redimir e salvar os homens, libertando-os da dívida do antigo pecado, escutai com bondade as preces desta mãe, que confiante Vos suplica pela saúde de seu filho que vai nascer, e concedei-lhe um parto feliz; que o filho desta mãe, ingressando pelo Batismo na comunidade cristã, venha a conhecer-Vos e a amar-Vos, Vos sirva dedicadamente e alcance a vida eterna. Por Nosso Senhor Jesus Cristo, Vosso Filho, na Unidade do Espírito Santo Amém!

Terminada a oração, todos abaixam as mãos e em seguida a gestante, voltando-se para a imagem de Nossa Senhora, prossegue a oração invocando a proteção da Virgem Maria, rezando:

Gestante: À vossa proteção nos entregamos, Santa Mãe de Deus.

Não desprezeis as nossas súplicas nas nossas necessidades,

mas livrai-nos de todos os perigos,

ó Virgem gloriosa e bendita.

O dirigente prossegue, dando a bênção sobre a gestante:

Dirigente: Que Deus, Todo Poderoso, rico em Amor e Vida, abençoe esta mãe (N) e a criança bendita que traz em seu ventre.

Todos: Amém!

Em seguida, o dirigente asperge com a água benta a gestante e, depois, asperge todos os participantes, dizendo:

Dirigente: Que esta água benta recorde o nosso batismo e nos purifique de todo mal.

Todos: Amém!

Terminada a aspersão com a água benta, o dirigente convida para rezar ou, se possível, cantar a oração do Magnificat.

Dirigente: Porque o Senhor também fez maravilhas nesta família, rezemos (cantemos) o Magnificat (Lc 1,46-55).

Todos: A minh'alma engrandece o Senhor,
exulta meu espírito em Deus, meu Salvador!
Porque olhou para a humildade de sua serva,
doravante as gerações hão de chamar-me de bendita!
O Poderoso fez em mim maravilhas,
e Santo é seu nome!
Seu amor para sempre se estende,
sobre aqueles que O temem!
Manifesta o poder de seu braço,
dispersa os soberbos;
derruba os poderosos de seus tronos
e eleva os humildes;
sacia de bens os famintos,
despede os ricos sem nada.
Acolhe Israel, seu servidor,
fiel ao seu amor,
como havia prometido a nossos pais,
em favor de Abraão e de seus filhos para sempre!

Dirigente: Glória ao Pai e ao Filho e ao Espírito Santo.

Todos: Como era no princípio, agora e sempre. Amém!

Dirigente: Manifestando a alegria por sermos iluminados neste encontro fraterno da vida, rezemos, como filhos e filhas de Deus nosso Pai, a oração que Jesus nos ensinou:

Todos: Pai nosso que estais nos céus, santificado seja o vosso nome...

Dirigente: À Maria, a serva fiel que acolheu no seu ventre e em sua vida a Palavra do Senhor, recorremos, pedindo a sua maternal intercessão para este novo filho de Deus que está sendo gestado à luz da fé cristã católica, rezemos:

Todos: Ave Maria, cheia de graça, o Senhor é convosco...

Dirigente: Bem-aventurada aquela que acreditou.

Todos: Porque vai acontecer o que o Senhor lhe prometeu.

Dirigente: Glória ao Pai e ao Filho e ao Espírito Santo.

Todos: Como era no princípio, agora e sempre. Amém!

Em seguida, pode-se cantar um canto conhecido e apropriado.

O dirigente, encerra o encontro apresentando os compromissos e transmitindo os possíveis comunicados.

COMPROMISSO DESTE ENCONTRO

- Iluminados pelo tema da oração, analisar o tempo dedicado à oração na vida familiar, se há orações que marcam a experiência de vida familiar e motivar ainda mais os genitores e os familiares no compromisso diário de rezarem as orações propostas desde o início.

- Como resposta à luz da oração que no seu clarão nos faz ver mais facilmente a graça que Deus realiza em nós e, internamente, o que em nós precisa ser purificado, o compromisso deste encontro será o de fazer a Confissão dos pecados, procurando um sacerdote para tomar parte no sacramento.

- Para que a oração se transforme em ação, procurem ajudar algum necessitado, dentro das possiblidades de cada um.

COMUNICADOS

O dirigente transmite aos participantes alguns avisos que se fazem necessários. Inclusive, a data do próximo encontro e algo que necessite ser preparado antecipadamente.

Registrar este célebre momento
No *Diário* da família há um espaço reservado para colar uma foto do encontro. O dirigente poderá incentivar o registro fotográfico deste momento, como também, para que os genitores escolham e escrevam uma oração que desejam rezar com o filho e torná-la especial para a família.

> # AVISO IMPORTANTE PARA A PASTORAL DO BATISMO
> A equipe responsável esteja atenta ao **"Gesto Simbólico"** do próximo encontro, preparando a Tabuinha com suas inscrições, conforme prescrevem as orientações do encontro.

5º Encontro

Gestar a vida cristã com uma identidade

Preparando o Encontro

Além do que estava presente no encontro passado, providenciar:

- Uma imagem de São José para compor o espaço celebrativo.

- A equipe responsável pelo encontro prepare, com antecedência, o "Gesto Simbólico", providenciando uma tabuinha com as inscrições que devem ser colocadas, e estejam devidamente preparados e atentos quanto ao modo da realização da entrega deste sinal, bem como, na orientação dos genitores quanto aos seus deveres (cf. orientações no decorrer do encontro).

- A equipe responsável procure chegar com antecedência e ouvir informalmente dos genitores sobre o que lhes aconteceu desde o último encontro.

INICIANDO NOSSO ENCONTRO

Dirigente: Sejam todos bem-vindos para este encontro onde celebramos o dom da vida cristã. Hoje queremos rezar sobre a nossa identidade cristã através do nome que possuímos. Deste modo, auxiliaremos os pais deste(a) filho(a) de Deus que gestamos na fé a se prepararem para a escolha do nome que lhe darão e que será apresentado no dia do Batismo. Na tradição cristã, o nome pode indicar uma graça, uma missão ou uma identidade com Deus. São Paciano, bispo de Barcelona, dizia: "Cristão é meu nome e católico é meu sobrenome. Um me designa, enquanto o outro me específica. Um me distingue, o outro me especifica. É por este sobrenome que o nosso povo é distinguido dos que são chamados hereticos" (Carta a *Sympronian*, ano 375). Certos de que Deus se revela a nós como Deus-Pai, Deus-Filho e Deus-Espírito-Santo, iniciemos com o sinal da nossa fé.

Dirigente: Em nome do Pai e do Filho e do Espírito Santo.

Todos: Amém!

Dirigente: O Senhor Jesus que disse "Eu sou o caminho, a verdade e a vida" (Jo 14,6), esteja convosco.

Todos: Bendito seja Deus que nos reuniu no amor de Cristo!

Dirigente: Que a graça e a Paz de Deus nosso Pai, que hoje nos reuniu em nome do seu filho, Jesus Cristo, esteja sempre convosco!

Todos: Bendito seja Deus que nos reuniu no amor de Cristo!

Dirigente: Vamos invocar o Espírito Santo de Deus, para vir em nosso auxílio, para que possamos ouvir atentamente a Palavra de Deus, meditar e guardá-la em nosso coração. Rezemos juntos:

Todos: "Vinde Espírito Santo, enchei..."

Em seguida, todos rezam a oração:

Todos: Ó Deus, nosso Pai,
que desde a criação do mundo
iluminastes todas as criaturas com o clarão do vosso amor.
Concedei que por meio da luz radiante de vosso Filho Jesus Cristo,
sejam dissipadas as trevas do mal
e fazei que esta nova vida gestada na fé e no amor,
chegue com perfeita saúde à luz deste mundo.
Iluminai e assisti com o auxílio do Espírito Santo
a mãe desta criança, *(dizer o nome da mãe)*,
para que geste no coração e na vida,
o fruto bendito do seu ventre.
Que a exemplo da Sagrada Família de Nazaré,
estejam todos unidos pelo vínculo de amor
que existe no seio da Trindade Santa. Assim seja!

ILUMINADOS PELA VIDA

Dirigente: A nossa primeira identificação está no nome que nos foi dado. Portanto, o nome é um sinal que caracteriza a nossa existência cristã. Em sua grande maioria, o nome tem uma origem e um significado, uma história. Vamos partilhar um pouco sobre a origem do nosso nome: se sabemos qual o seu significado e a sua origem; o porquê nossos pais nos deram este nome; como foi a escolha deste nome; etc.

O objetivo desta recordação é despertar nos participantes a importância do nome devido a sua origem e o seu significado e, portanto, o cuidado que devemos ter no momento de fazer a escolha do nome aos filhos. Esta partilha ajudará os pais a encontrarem critérios para, mediante a oração e os princípios da fé cristã, fazerem a escolha adequada do nome de seu filho ou sua filha.

(Partilha espontânea dos participantes.)

ILUMINADOS PELA PALAVRA DE DEUS E DA IGREJA

Após a recordação da vida o dirigente motiva as pessoas a ficarem em silêncio para ouvirem com atenção a Palavra de Deus. Para este encontro serão realizadas a leitura de dois textos, feitas por um homem e uma mulher, podendo ser o pai e a mãe da criança que está sendo gestada. Os leitores, por sua vez, tomando a Bíblia na mão, proclamam o texto. Antes da proclamação do primeiro texto, pode-se entoar um canto apropriado de aclamação ao Evangelho.

Textos Bíblicos

Leitor 1 (Homem): Mt 1,18-25.

Leitor 2 (Mulher): Lc 1,57-66.

Dirigente: No Evangelho narrado por São Mateus, José, vai dormir com o coração aflito sobre tudo o que estava acontecendo em sua vida e com Maria. Após um sono restaurador e iluminado por Deus que lhe fala por meio do anjo, não segue mais as intuições humanas que estavam no seu coração mas agora, acordado e iluminado por Deus, realiza o vontade divina em sua vida, acolhendo Maria e o fruto bendito do seu ventre, dando-lhe um nome revelado por Deus. Chamará Jesus, que significa e indica a sua missão: "Javé salva". Com este nome, será reconhecido por outros nomes que significam a sua missão e revelam a sua identidade: Emanuel, que significa "Deus conosco", Príncipe da Paz, Filho do Homem, entre outros. O mais sublime de todos será o nome que dele recebemos, o de Filho de Deus Pai.

Todos: Em Jesus Cristo, Palavra encarnada, nós também queremos ser reconhecidos como filhos e filhas de Deus.

Leitor: No trecho do Evangelho segundo São Lucas, Zacarias e Isabel escolhem o nome de seu filho João, que significa "agraciado por Deus", devido o fato da sua mãe concebê-lo quando era estéril e por sua grande missão, ao ser considerado pelo próprio Jesus como "maior entre o nascido de mulher" (Lc 7,28). Sendo o precursor de Jesus Cristo e por batizar o próprio autor do batismo e realizar o batismo de conversão, chamando todos para seguir Jesus Cristo, João teve seu nome composto, sendo reconhecido como João Batista.

Todos: Como João Batista também queremos apontar para Jesus e sermos reconhecidos como cristãos.

PALAVRA DA IGREJA

Dirigente: O *Catecismo da Igreja Católica*, nos números 2156-2159, apresenta aos católicos a seguinte instrução acerca do nome cristão:

Leitor 1: "O Sacramento do Batismo é conferido «em nome do Pai e do Filho e do Espírito Santo» (Mt 28,19). No Batismo, o nome do Senhor santifica o homem, e o cristão recebe o seu próprio nome na Igreja. Este pode ser o de um santo, isto é, dum discípulo que levou uma vida de fidelidade exemplar ao seu Senhor. O patrocínio do santo oferece um modelo de caridade e assegura a sua intercessão. O «nome de batismo» pode também exprimir um mistério cristão ou uma virtude cristã. «Cuidem os pais, os padrinhos e o pároco que não se imponham nomes alheios ao sentir cristão» (CDC, Cân. 855).

Leitor 2: O cristão começa o seu dia, as suas orações, as suas atividades, pelo sinal da cruz «em nome do Pai e do Filho e do Espírito Santo. Amém!» O batizado consagra o dia à glória de Deus e apela para a graça do Salvador, que lhe permite agir no Espírito, como filho do Pai. O sinal da cruz fortalece-nos nas tentações e nas dificuldades.

Leitor 1: Deus chama a cada um pelo seu nome (Cf. Is 43,1; Jo 10,3). O nome de todo o homem é sagrado. O nome é a imagem da pessoa. Exige respeito, como sinal da dignidade de quem por ele se identifica.

Leitor 2: O nome recebido é um nome eterno. No Reino, o carácter misterioso e único de cada pessoa marcada com o nome de Deus resplandecerá em plena luz. «Ao vencedor [...] dar-lhe-ei uma pedra na qual estará escrito um novo nome, que ninguém conhece, a não ser aquele que a recebe» (Ap 2,17). «Olhei e vi: o Cordeiro estava sobre o monte de Sião, e com Ele cento e quarenta e quatro mil pessoas, que tinham inscrito na fronte o nome d'Ele e o nome de seu Pai» (Ap 14,1)".

ILUMINADOS PELA PARTILHA DA PALAVRA

O dirigente motiva os participantes a partilharem as respostas das questões iluminadas pela Palavra de Deus, palavra da Igreja e a recordação da vida.

1. O que mais me tocou nos textos dos Evangelhos segundo São Mateus e São Lucas?
2. O que me chamou a atenção no ensinamento do *Catecismo* sobre o nome cristão?
3. Além do sentido cristão, que outros cuidados devemos tomar ao escolher o nome para os filhos?
4. Por que devemos ser reconhecidos como cristãos, filhos de Deus?

REZAR A PALAVRA DE DEUS

O dirigente convida um dos participantes para que possa invocar as preces introduzindo-as com estas palavras:

Dirigente: Certos de que Deus nos reconhece pelo nome ao atender as nossas orações, apresentemos nossas súplicas a Deus, nosso Pai:

R. Deus, nosso Pai, atendei a oração dos vossos filhos e filhas.

Leitor: Para que todos os cristãos santifiquem o nome do Senhor, acolhendo a vontade de Deus e vivendo o mandamento do amor, rezemos. **R.**

Leitor: Para que todos os filhos de Deus glorifiquem o Senhor através do nome que recebeu no batismo e por meio do próprio testemunho de vida, rezemos. **R.**

Leitor: Para que esta vida nova gestada no ventre materno e no coração de seus familiares receba um nome santificado e dignificado como filho de Deus, rezemos. **R.**

(Preces espontâneas.)

O dirigente conclui as preces convidando todos para rezar o "Cântico de Zacarias" que encontra-se na Bíblia, no Evangelho segundo Lucas, capítulo 1, versículos de 68 a 79. Para facilitar a oração de todos, pode-se transcrever num papel e entregar cópias aos participantes convidados pelos genitores. O dirigente introduz o Cântico, dizendo:

Dirigente: Cheios do Espírito Santo, rezemos o *Cântico de Zacarias* (Lc 1,68-69):

Todos: "Bendito seja o Senhor, Deus de Israel,

porque visitou e redimiu o seu povo,

e suscitou-nos um poderoso Salvador,

na casa de Davi, seu servo;

como havia anunciado, desde os primeiros tempos,

mediante os seus santos profetas,

para nos livrar dos nossos inimigos

e das mãos de todos os que nos odeiam.

Assim exerce a sua misericórdia com nossos pais,

e se recorda de sua santa aliança,

segundo o juramento que fez a nosso pai Abraão:

de nos conceder que, sem temor,

libertados de mãos inimigas, possamos servi-lo

em santidade e justiça, em sua presença,

todos os dias da nossa vida.

E tu, menino, serás chamado profeta do Altíssimo,

porque precederás o Senhor e lhe prepararás o caminho,

para dar ao seu povo conhecer a salvação,

pelo perdão dos pecados.

Graças à ternura e misericórdia de nosso Deus,

que nos vai trazer do alto a visita do Sol nascente,

que há de iluminar os que jazem nas trevas e na sombra da morte

e dirigir os nossos passos no caminho da paz."

Dirigente: Glória ao Pai e ao Filho e ao Espírito Santo.

Todos: Como era no princípio, agora e sempre. Amém!

GESTO SIMBÓLICO: INSCRIÇÃO SÍMBÓLICA DO NOME

A equipe responsável pelo encontro deverá providenciar uma pequena tábua, semelhante àquelas que se colocam penduradas em portas, para que, iluminados pelo gesto evangélico de Zacarias, os pais possam inscrever o nome da criança quando este for por eles definido. A tábua pode ser de madeira ou MDF, inscrita através de Laser, pincel, pirógravo ou com outro recurso e deverá conter os seguintes dizeres: 1ª Linha: "Meu nome é"; 2ª Linha: deixar o espaço em branco para que os pais possam fazer a inscrição posteriormente; 3ª Linha:

"filho de Deus."; 4ª Linha: "'Cristão é meu nome," 5ª Linha: "Católico é meu sobrenome.'", conforme modelo abaixo:

O meu nome é

(NOME),

Filho(a) de Deus.

"Cristão é meu nome e

Católico é meu sobrenome."

É importante saber que este gesto simbólico é apenas para a entrega da tábua onde, posteriormente os pais inscreverão o nome, quando este estiver definido. Portando, o dirigente entrega a tábua explicando aos genitores, como deve ser feito. A entrega deve ser introduzida desta forma, segundo a proposta na sequência.

Dirigente: Iluminados pela Palavra de Deus e inspirados no gesto de Zacarias, entregamos aos pais (ou à mãe) esta tabuinha para que nela e nos seus corações sejam inscritos o nome do filho de Deus que gestam na fé. Guardem consigo e, após o amadurecimento na escolha do nome do(a) vosso(a) filho(a) e alguns instante de oração pessoal, façam a inscrição do mesmo nesta tábua para que este santo nome seja lembrado no dia do seu batismo.

Um membro da equipe responsável entrega a tabuinha nas mãos do Pai ou da mãe e em seguida o dirigente conclui o encontro com a oração final.

Dirigente: Manifestando a alegria por sermos iluminados neste encontro fraterno da vida, rezemos, como filhos e filhas de Deus nosso Pai, a oração que Jesus nos ensinou:

Todos: Pai nosso que estais nos céus, santificado seja o vosso nome...

Dirigente: À Maria, a serva fiel que acolheu no seu ventre e em sua vida a Palavra do Senhor, recorremos, pedindo a sua maternal intercessão para este novo filho de Deus que está sendo gestado à luz da fé cristã católica, rezemos:

Todos: Ave Maria, cheia de graça, o Senhor é convosco...

Dirigente: Bem-aventurada aquela que acreditou.

Todos: Porque vai acontecer o que o Senhor lhe prometeu.

Dirigente: Glória ao Pai e ao Filho e ao Espírito Santo.

Todos: Como era no princípio, agora e sempre. Amém!

Em seguida, pode-se entoar um canto conhecido e apropriado.

O dirigente, encerra apresentando os compromissos deste encontro e possíveis comunicados.

COMPROMISSO DESTE ENCONTRO

- Recordar os genitores e os familiares do compromisso diário de rezarem as orações propostas desde o início dos encontros.

- Caso os genitores ainda não tenham escolhido o nome para seu filho ou sua filha que irá nascer, procurem todos os dias rezar pedindo a luz do Espírito Santo, para que sejam iluminados na escolha do nome. Além da oração para ajudá-los a bem escolher o nome, é importante analisar as repercussões da escolha: apelidos que pode gerar e constranger a criança, facilidade para a criança escrever seu próprio nome e outros aspectos que favoreçam à criança conviver bem com o nome escolhido.

- Motivar para, assim que o nome estiver seguramente definido, fazer a inscrição na tabuinha que receberam.

- Incentivar a todos os participantes a que se comprometam a rezar por esta escolha do nome e pela escolha dos padrinhos de batismo, caso estes ainda não estejam definidos.

COMUNICADOS

O dirigente transmite aos participantes alguns avisos que se fazem necessários. Inclusive, a data do próximo encontro e algo que necessite ser preparado antecipadamente.

Registrar este célebre momento

No *Diário* da família há um espaço reservado para colar uma foto do encontro. O dirigente poderá incentivar o registro fotográfico deste momento, como também, o registro das motivações para a escolha do nome da criança.

6º Encontro

Gestar a vida cristã na luz da família

Preparando o Encontro

Tudo o que estava presente no encontro passado, bem como a tabuinha, que já poderá estar com o nome inscrito caso já tenha sido definido pelos pais.

- Cópias da música "Oração Pela Família" do padre Zezinho, para todos os participantes, caso esta seja cantada no final da oração.
- A equipe responsável procure chegar com antecedência e ouvir informalmente dos genitores sobre o que lhes aconteceu desde o último encontro.

INICIANDO NOSSO ENCONTRO

Dirigente: Sejam todos bem-vindos para este encontro da família cristã. Hoje queremos rezar sobre a luz da família na formação e na vivência da nossa fé. A família é fruto do amor conjugal entre um homem e uma mulher, que se doando um ao outro no amor, cooperam com a criação de Deus, gerando, no mesmo amor, uma nova vida. Com esta nova vida gestada na luz do amor e da fé, nasce não apenas um filho, mas com ele, nasce um pai e uma mãe. Assim como na Trindade Santa, o amor é o princípio da relação entre as três pessoas divinas, assim também os filhos, fruto do amor conjugal entre os esposos, geram a paternidade, a maternidade e, por meio destes, a filiação. Pai, mãe e filhos compõem a família, dom de Deus. Unidos pelo mesmo amor que existe na Santíssima Trindade, iniciemos com o sinal da nossa fé.

Dirigente: Em nome do Pai e do Filho e do Espírito Santo.

Todos: Amém!

Dirigente: O Senhor Jesus que disse "Eu sou o caminho, a verdade e a vida" (Jo 14,6), esteja convosco.

Todos: Bendito seja Deus que nos reuniu no amor de Cristo!

Dirigente: Que a graça e a Paz de Deus nosso Pai, que hoje nos reuniu em nome do seu filho, Jesus Cristo, esteja sempre convosco!

Todos: Bendito seja Deus que nos reuniu no amor de Cristo!

Dirigente: Vamos invocar o Espírito Santo de Deus, para vir em nosso auxílio, para que possamos ouvir atentamente a Palavra de Deus, meditar e guardá-la em nosso coração. Rezemos juntos:

Todos: "Vinde Espírito Santo, enchei..."

Em seguida, todos rezam a oração:

Todos: Ó Deus, nosso Pai,
que desde a criação do mundo
iluminastes todas as criaturas com o clarão do vosso amor.
Concedei que por meio da luz radiante de vosso Filho Jesus Cristo,
sejam dissipadas as trevas do mal
e fazei que esta nova vida gestada na fé e no amor,
chegue com perfeita saúde à luz deste mundo.
Iluminai e assisti com o auxílio do Espírito Santo
a mãe desta criança, *(dizer o nome da mãe)*,
para que geste no coração e na vida,
o fruto bendito do seu ventre.
Que a exemplo da Sagrada Família de Nazaré,
estejam todos unidos pelo vínculo de amor
que existe no seio da Trindade Santa. Assim seja!

ILUMINADOS PELA VIDA

Dirigente: O *Ritual de Bênçãos*, no número 49, afirma que "a família recebeu pelo sacramento do matrimônio a graça e uma vida nova; por isso, tem importância particular para a Igreja como para a sociedade civil, sendo ela a célula primeira e vital de ambas". Dada a sua importância, vamos conhecer um pouco sobre a família dos genitores (ou da mãe), partilhando brevemente conosco como é sua família, quem são, entre outros.

O objetivo desta recordação é conhecer um pouco sobre a família dos genitores: se os pais estão vivos, onde moram, se possuem irmão, quantos são, onde moram, algo que marcou a vida da família, etc. O dirigente cuide na administração do tempo para esta partilha, sobretudo se for feita pelo pai e pela mãe. A recordação de alguns fatos familiares ajudará no discernimento dos genitores que estão constituindo uma família ou gestando mais um filho.

(Partilha espontânea dos genitores, ou, na ausência do pai, apenas da mãe.)

ILUMINADOS PELA PALAVRA DE DEUS E DA IGREJA

Após a recordação da vida o dirigente motiva as pessoas a ficarem em silêncio para ouvirem com atenção a Palavra de Deus. Um membro da equipe responsável tomando a Bíblia na mão, proclama o texto, que pode ser precedida por um canto de aclamação.

Texto Bíblico: Ef 5,21–6,4.

Dirigente: O texto bíblico equipara o amor conjugal ao amor de Jesus Cristo pela Igreja. Como Cristo deu a sua vida pela Igreja que é seu povo e com este povo fez uma aliança de amor, assim também o homem ame sua esposa de modo que sejam uma só pessoa, uma só carne.

Essa entrega de amor que une o homem e a mulher é capaz de produzir um fruto precioso e bendito: os filhos, dádiva do amor conjugal. E assim nasce a família: filhos, pai e mãe.

Todos: Unidos pelo amor que vem de Deus, queremos ser uma família cristã.

Leitor: No último versículo é suplicado aos pais que "criem os filhos, educando-os e corrigindo--os como quer o Senhor" (Ef 6,4). Que pais, padrinho, madrinha e demais familiares sejam os primeiros catequistas para esta criança que vai nascer, transmitindo-lhe os valores da fé através da vida de oração e do testemunho cristão.

Todos: Como família de Deus, queremos transmitir a fé para nossos filhos e afilhados.

PALAVRA DA IGREJA

Dirigente: O *Catecismo da Igreja Católica*, nos números 2204-2206, apresenta aos católicos a seguinte instrução acerca da família cristã:

Leitor 1: "Uma revelação e atuação específica da comunhão eclesial, [isto é, a Igreja] é constituída pela família cristã, que também, por isso, se pode e se deve chamar de *Igreja doméstica*" (cf. LG 11). É uma comunidade de fé, de esperança e de caridade; na Igreja ela tem a importância singular, como se vê no Novo Testamento (cf. Ef 5,21–6,4).

Leitor 2: A família cristã é uma comunhão de pessoas, vestígio e imagem da comunhão do Pai, do Filho e do Espírito Santo. Sua atividade procriadora e educadora é o reflexo da obra criadora do Pai. Ela é chamada a partilhar da oração e do sacrifício de Cristo. A oração cotidiana e a leitura da Palavra de Deus fortifica nela a caridade. A família cristã é evangelizadora e missionária.

Leitor 1: As relações dentro da família acarretam uma afinidade de sentimentos, de afetos e de interesses, afinidade essa que provém, sobretudo, do respeito mútuo entre as pessoas. A família é uma *comunidade privilegiada*, chamada a realizar uma carinhosa abertura recíproca de alma entre os cônjuges e também uma atenta cooperação dos pais na educação dos filhos (cf. GS 52,1).

ILUMINADOS PELA PARTILHA DA PALAVRA

O dirigente motiva os participantes a partilharem as respostas das questões iluminadas pela Palavra de Deus, palavra da Igreja e a recordação da vida.

1. O que mais me tocou no texto da carta aos Efésios?
2. O que me chamou a atenção no ensinamento do *Catecismo* sobre a família cristã?
3. Por que com o nascimento do primeiro filho, nasce com ele a pessoa da mãe e a pessoa do pai, antes considerados apenas como esposos?

4. Segundo o Papa Francisco, "A Bíblia também considera a família como a sede da catequese dos filhos" (AL, n. 16). Como estamos educando nossos filhos na fé da Igreja?

REZAR A PALAVA DE DEUS

O dirigente convida um dos participantes para que possa invocar as preces introduzindo-as com estas palavras:

Dirigente: Reunidos na força do Amor que nos faz ser família de Deus, elevemos nossas súplicas a Deus-Pai:

R. Abençoa, Senhor, nossas famílias.

Leitor: Para que a exemplo da família de Nazaré, saibamos viver unidos no amor e à luz da Palavra de Deus, rezemos. **R.**

Leitor: Para que não falte a educação na fé a esta criança que vai nascer e a todas as crianças, rezemos. **R.**

Leitor: Que a família seja respeitada e viva sempre de acordo com a fé cristã, rezemos. **R.**

(Preces espontâneas.)

Em seguida, o dirigente conclui as preces com a "bênção de Família" transcrito do "Ritual de Bênçãos:

BÊNÇÃO PARA A FAMÍLIA

A família se aproxima do local onde se encontram os sinais celebrativos para que possam receber a bênção. Tudo organizado, o dirigente convida os demais a estenderem a mão direita em direção à família e inicia a oração:

Dirigente: Estendendo nossa mão direita em direção a esta família, peçamos a Deus-Pai que abençoe cada um de seus membros. Rezemos:

Todos: Ó Deus, criador
e misericordioso salvador do vosso povo.
Vós quisestes fazer da família,
constituída pela aliança nupcial,
o sacramento de Cristo e da Igreja;
derramai copiosa bênção sobre esta família,
reunida em vosso nome, a fim de que os que nela vivem num só amor,
possam, com fervor e constância na oração,
ajudar-se uns aos outros em todas as necessidades da vida
e mostrar sua fé pela palavra e pelo exemplo.
Por Cristo, nosso Senhor. Amém!

Em seguida, todos abaixam as mãos e o dirigente asperge com a água benta a família e, depois, asperge todos os participantes, dizendo:

Dirigente: Que esta água benta recorde o nosso batismo e faça o amor de Deus fecundar em nossas famílias.

Todos: Amém!

Terminada a aspersão com a água benta, o dirigente conclui na bênção convidando todos para rezar a "Oração à Santa Família", escrita pelo Papa Francisco, na conclusão da carta Encíclica Amoris Lætitia, número 325. Para facilitar o envolvimento de todos, pode-se transcrever num papel e entregar cópias aos participantes. O dirigente introduz a Oração, dizendo:

Dirigente: Como família cristã, rezemos a "Oração à Santa Família", escrita pelo Papa Francisco:

Todos: "Jesus, Maria e José,
em Vós contemplamos
o esplendor do verdadeiro amor,
confiantes, a Vós nos consagramos.
Sagrada Família de Nazaré,
tornai também as nossas famílias
lugares de comunhão e cenáculos de oração,
autênticas escolas do Evangelho
e pequenas igrejas domésticas.
Sagrada Família de Nazaré,
que nunca mais haja nas famílias
episódios de violência, de fechamento e divisão;
e quem tiver sido ferido ou escandalizado
seja rapidamente consolado e curado.
Sagrada Família de Nazaré,
fazei que todos nos tornemos conscientes
do carácter sagrado e inviolável da família,
da sua beleza no projeto de Deus.
Jesus, Maria e José,
ouvi-nos e acolhei a nossa súplica.
Amém!" (*AL*, n. 325)

Pode-se concluir a oração com o canto "Oração pela Família" do Padre Zezinho: "Que nenhuma família comece em qualquer de repente...", seguida da oração final.

Dirigente: Manifestando a alegria por sermos iluminados neste encontro fraterno da vida, rezemos, como filhos e filhas de Deus nosso Pai, a oração que Jesus nos ensinou:

Todos: Pai nosso que estais nos céus, santificado seja o vosso nome...

Dirigente: À Maria, a serva fiel que acolheu no seu ventre e em sua vida a Palavra do Senhor, recorremos, pedindo a sua maternal intercessão para este novo filho de Deus que está sendo gestado à luz da fé cristã católica, rezemos:

Todos: Ave Maria, cheia de graça, o Senhor é convosco...

Dirigente: Bem-aventurada aquela que acreditou.

Todos: Porque vai acontecer o que o Senhor lhe prometeu.

Dirigente: Glória ao Pai e ao Filho e ao Espírito Santo.

Todos: Como era no princípio, agora e sempre. Amém!

Em seguida, pode-se entoar um canto conhecido e apropriado.

O dirigente, encerra apresentando os compromissos deste encontro e possíveis comunicados.

COMPROMISSO DESTE ENCONTRO

Recordar os genitores e os familiares do compromisso diário de rezarem as orações propostas desde o início dos encontros.

Os genitores conversarem sobre a frase: *Com esta nova vida nasce não apenas um filho, mas com ele, nasce um pai e uma mãe. A partir dela questionar-se sobre o modelo de educação que pretendem realizar e relacionem as atitudes educacionais necessárias ao bom desenvolvimento do filho(a) nas diferentes dimensões da vida.*

Se possível, a equipe responsável pelo encontro procure um profissional da psicologia que, voluntariamente, possa dar uma orientação profissional nesta fase final da gravidez, através de uma visita previamente agendada e acordada entre o profissional e a família acompanhada.

Convidar aos que serão padrinhos de batismo para que estejam presentes no próximo encontro, se ainda não estiverem participando.

COMUNICADOS

O dirigente transmite aos participantes alguns avisos que se fazem necessários. Inclusive, a data do próximo encontro e algo que necessite ser preparado antecipadamente.

Combinar a Confraternização prescrita no próximo e último encontro (7º). Conferir "Partilha do Pão".

Registrar este célebre momento

No *Diário* da família há um espaço reservado para colar uma foto do encontro. O dirigente poderá incentivar o registro fotográfico deste momento, como também, que registrem atitudes que almejam exercitar na educação da vida em gestação, após o seu nascimento.

7º Encontro

Gestar a vida cristã na luz da comunidade

Preparando o Encontro

Além do que já estava presente no encontro passado:

- Para a "Bênção do Quarto do Bebê", a equipe responsável deverá estar atenta ao que se pede na oração: a água benta para a aspersão do quarto, o Cartaz com a imagem do Menino Jesus e a Tabuinha com o nome inscrito para serem deixados no quarto.

- Organizar uma confraternização com todos os envolvidos com quitutes (doces e salgados) que serão compartilhados no final da celebração, manifestando a alegria do encontro e a partilha comunitária dos dons ("Partilha do Pão").

- A equipe responsável procure chegar com antecedência e ouvir informalmente dos genitores sobre o que lhes aconteceu desde o último encontro.

INICIANDO NOSSO ENCONTRO

Dirigente: Como comunidade de fé reunida em nome do Senhor, sejamos bem-vindos para o nosso encontro fraterno. Hoje queremos rezar sobre a luz da comunidade cristã, local do encontro e do amadurecimento na fé. Como comunidade reunida em nome do Senhor, formamos a Igreja, que é o corpo místico do Senhor. "Pois onde dois ou três estiverem reunidos em meu nome, eu estou aí no meio deles" (Mt 18,20), disse o Senhor. Certos da Sua presença, iniciemos com o sinal da nossa fé.

Dirigente: Em nome do Pai e do Filho e do Espírito Santo.

Todos: Amém!

Dirigente: O Senhor Jesus que disse "Eu sou o caminho, a verdade e a vida" (Jo 14,6), esteja convosco.

Todos: Bendito seja Deus que nos reuniu no amor de Cristo!

Dirigente: Que a graça e a Paz de Deus nosso Pai, que hoje nos reuniu em nome do seu filho, Jesus Cristo, esteja sempre convosco!

Todos: Bendito seja Deus que nos reuniu no amor de Cristo!

Dirigente: Vamos invocar o Espírito Santo de Deus, para vir em nosso auxílio, para que possamos ouvir atentamente a Palavra de Deus, meditar e guardá-la em nosso coração. Rezemos juntos:

Todos: "Vinde Espírito Santo, enchei...

Em seguida, todos rezam a oração:
Todos: Ó Deus, nosso Pai,
que desde a criação do mundo
iluminastes todas as criaturas com o clarão do vosso amor.
Concedei que por meio da luz radiante de vosso Filho Jesus Cristo,
sejam dissipadas as trevas do mal
e fazei que esta nova vida gestada na fé e no amor,
chegue com perfeita saúde à luz deste mundo.
Iluminai e assisti com o auxílio do Espírito Santo
a mãe desta criança, *(dizer o nome da mãe)*,
para que geste no coração e na vida,
o fruto bendito do seu ventre.
Que a exemplo da Sagrada Família de Nazaré,
estejam todos unidos pelo vínculo de amor
que existe no seio da Trindade Santa. Assim seja!

ILUMINADOS PELA VIDA

Dirigente: É tomando parte da comunidade cristã através do batismo que somos incorporados ao corpo místico de Cristo, que é sua Igreja. Nela crescemos na fé por meio da instrução catequética, da participação nos sacramentos e na vida fraterna-comunitária.

Além do testemunho e do ensinamento de nossos pais e padrinhos, tivemos o auxílio dos nossos catequistas, verdadeiros evangelizadores e benfeitores na transmissão da fé. Portanto vamos recordar quem foram nossos catequistas e, se possível, partilhar algum ensinamento que deles recebemos e que marcou a nossa vida cristã. Partilhemos.

O objetivo desta recordação é reconhecer o papel importante da comunidade na vida de todo batizado, transmitindo a fé cristã. Na comunidade, tem relevância a missão dos catequistas, verdadeiros mistagogos da fé cristã e arautos do Evangelho. Deles recebemos os principais e fundamentais princípios que compõem as verdades cristãs. Deste modo, o dirigente, atento ao tempo disponível, motive para que os participantes recordem de seus Catequistas, bem como algo que iluminou ou marcou a vida de fé, partilhando entre si.

(Partilha espontânea dos participantes.)

ILUMINADOS PELA PALAVRA DE DEUS E DA IGREJA

Após a recordação da vida o dirigente motiva as pessoas a ficarem em silêncio para ouvirem com atenção a Palavra de Deus. Um membro da equipe responsável tomando a Bíblia na mão, proclama o texto, que pode ser precedida por um canto de aclamação.

Texto Bíblico: At 4,32-37.

Dirigente: O livro dos Atos dos Apóstolos, ao retratar as primeiras comunidades cristãs, inicia recordando que "a multidão dos féis era um só coração e uma só alma" (At 4,32). Ciente desta unidade, o Documento de Aparecida afirma que "a dimensão comunitária é intrínseca ao mistério e à realidade da Igreja que deve refletir a Santíssima Trindade" (DAp, n. 304).

Todos: Em comunidade, queremos viver a unidade e a santidade da fé católica transmitida pelos Apóstolos.

Leitor: Ao retratar as primeiras comunidades, os Apóstolos descrevem que "entre eles ninguém passava necessidades" (At 4,34). Quando vivemos em comunidade partilhamos uns com os outros tudo o que somos e que temos. Assim como o Senhor ofereceu sua vida por nós e nos dignificou como filhos e filhas de Deus-Pai, também nós somos chamados ao testemunho da partilha e do amor fraterno.

Todos: Somos comunidade de Amor, um só coração e uma só alma.

PALAVRA DA IGREJA

Dirigente: O Concílio Vaticano II, na constituição pastoral intitulada de *Gaudium et spes (As Alegrias e as Esperanças), sobre a Igreja no mundo de hoje*, em seu número 1, inicia falando da *união íntima da Igreja com toda a família de Deus*, formando a comunidade cristã:

Leitor: As alegrias e as esperanças, as tristezas e as angústias dos homens de hoje, sobretudo dos pobres e de todos aqueles que sofrem, são também as alegrias e as esperanças, as tristezas e as angústias dos discípulos de Cristo; e não há realidade alguma verdadeiramente humana que não encontre eco no seu coração. Porque a sua comunidade é formada por homens, que, reunidos em Cristo, são guiados pelo Espírito Santo na sua peregrinação em demanda do reino do Pai, e receberam a mensagem da salvação para a comunicar a todos. Por este motivo, a Igreja sente-se real e intimamente ligada ao gênero humano e à sua história (cf. GS 1).

ILUMINADOS PELA PARTILHA DA PALAVRA

O dirigente motiva os participantes a partilharem as respostas das questões iluminadas pela Palavra de Deus, palavra da Igreja e a recordação da vida.

1. O que mais me tocou no texto dos Atos dos Apóstolos?
2. O que me chamou a atenção no ensinamento da Constituição Pastoral sobre a Igreja no mundo hoje, do Concílio Vaticano II?

3. Por que devemos viver nossa dignidade batismal de filhos de Deus dentro de uma comunidade cristã?
4. Como tenho vivido a minha fé dentro da minha comunidade católica?

REZAR A PALAVRA DE DEUS

O dirigente convida um dos participantes para que possa invocar as preces introduzindo-as com estas palavras:

Dirigente: Como comunidade que celebra suas alegrias e esperanças, suas tristezas e angústias, apresentemos ao Senhor nossos pedidos:

R. Acolhei, Senhor, a prece da vossa Igreja.

Leitor: Que a exemplo da Santíssima Trindade, sejamos uma comunidade de amor, sendo um só coração e uma só alma, rezemos. **R.**

Leitor: Para que não falte evangelizadores em nossas comunidades, sobretudo na ação catequética, rezemos. **R.**

Leitor: Para que esta criança que vai nascer, seja acolhida na comunidade de fé e nela cresça com o auxílio de todos na vida cristã, rezemos. **R.**

(Preces espontâneas.)

Em seguida, o dirigente conclui as preces com a bênção do quarto do bebê ou sobre o objeto trazido que fará parte do local que abrigará o filho, conforme prescreve a seguir:

BÊNÇÃO DO QUARTO DO BEBÊ

(ou de objeto que o irá compor)

Dirigente: Vamos suplicar a bênção de Deus sobre este local em que abrigará o filho (sobre o objeto que fará parte do local que abrigará o filho) bendito que este(a) casal (família) aguarda com fé:

Todos: O Senhor Deus, todo-poderoso,
que se dignou alegrar o mundo
com o nascimento temporal de seu Filho,
abençoe este local
que abrigará este(a) novo(a) filho(a) de Deus,
(NOME DA CRIANÇA).
Que os anjos da guarda
venha em seu socorro nas necessidades,
protegendo de todos os males.
Dai-lhe, Senhor,

A graça de crescer em sabedoria e graça,
e a viver a fé que receberá da mãe Igreja.
Amém!

Em seguida, o dirigente asperge o quarto ou objeto (quadro, medalha...) com a água benta, dizendo:

Dirigente: Que esta água benta seja um sinal da vida nova recebida no batismo e purifique este local de todo mal.

Todos: Amém!

Terminada a aspersão com a água benta, o dirigente pede aos pais que deixem o cartaz e a Tabuinha no quarto e convida todos para que retornem para o local da celebração, realizando a oração final.

Dirigente: Manifestando a alegria por sermos iluminados neste encontro fraterno da vida, rezemos, como filhos e filhas de Deus nosso Pai, a oração que Jesus nos ensinou:

Todos: Pai nosso que estais nos céus, santificado seja o vosso nome...

Dirigente: À Maria, a serva fiel que acolheu no seu ventre e em sua vida a Palavra do Senhor, recorremos, pedindo a sua maternal intercessão para este novo filho de Deus que está sendo gestado à luz da fé cristã católica, rezemos:

Todos: Ave Maria, cheia de graça, o Senhor é convosco...

Dirigente: Bem-aventurada aquela que acreditou.

Todos: Porque vai acontecer o que o Senhor lhe prometeu.

Dirigente: Glória ao Pai e ao Filho e ao Espírito Santo.

Todos: Como era no princípio, agora e sempre. Amém!

Terminada a Oração final, o dirigente transmite os comunicados finais e apresenta os compromissos deste último encontro. Em seguida, realiza uma pequena confraternização com alguns alimentos e bebidas preparados pela Equipe da Pastoral do Batismo ou equipe responsável pela realização dos encontros.

COMPROMISSO DESTE ENCONTRO

- Recordar os genitores e os familiares do compromisso diário de rezarem as orações propostas desde o início.
- Propor que os genitores reflitam sobre a importância de sua participação nas celebrações da comunidade e quais serão os critérios adotados para promover a participação do filho(a), que está sendo gestado, na experiência da vida da comunidade, como um discípulo de Jesus.

Se possível, convidar os genitores, padrinhos escolhidos e demais familiares para participar numa missa da comunidade, em que a Equipe de Liturgia, preparará e acrescentará uma prece por aquela gestante e por seu(sua) filho(a) na "Oração dos Fiéis"; se for possível, presentear o casal (família) com uma pequena imagem da Sagrada Família, no final da Missa que participarão.

COMUNICADOS

O dirigente transmite aos participantes alguns avisos que se fazem necessários. Inclusive, sobre a etapa seguinte, com o nascimento de seu(sua) filho(a).

Registrar este célebre momento

No *Diário* da família há um espaço reservado para colar uma foto do encontro. O dirigente poderá incentivar o registro fotográfico deste momento e das motivações e critérios que almejam adotar para fazer do filho(a) um membro participativo na comunidade de fé.

PARTILHA DO PÃO (Pequena Confraternização)

Um membro da equipe responsável pelo encontro, manifesta a alegria pela realização dos encontros e pela convivência e, em seguida, convida todos para comerem dos alimentos partilhados.

Segunda Etapa

Catequese próxima ao Batismo

Batizados em Cristo Jesus, em sua morte é que fomos batizados. Portanto, pelo Batismo fomos sepultados com ele na morte para que, como Cristo foi ressuscitado dentre os mortos pela glória do Pai, assim também nós vivamos vida nova. (Rm 6,3-4)

Orientações Gerais

1. Os encontros que seguem da segunda e terceira etapas, deverão ser conduzidos por catequistas da Pastoral do Batismo e realizados na Igreja, capela ou outro espaço que a paróquia ou comunidade disponha para acolher todos os participantes.

2. Deverão participar dos encontros e celebrações os pais e futuros padrinhos.

3. Distribuir com antecedência outras funções e serviços. Além dos catequistas, seria bom prever uma equipe de acolhida, secretaria, para o lanche, cantos e outras que acharem necessários.

4. Para facilitar a comunicação entre os participantes é aconselhável algum tipo de identificação pessoal de cada membro da Equipe da Pastoral do Batismo ou da equipe responsável.

5. Para todos os encontros serão utilizados os seguintes sinais da fé: Ambão, Bíblia, vela e um pequeno vaso com flores e os símbolos próprios para o Sacramento do Batismo.

6. Seria bom pensar num pequeno lanche no final, favorecendo a interação e convivência.

1º Encontro

Pelo Batismo, somos filhos de Deus em Cristo

Palavra inicial

Neste encontro, que será com os pais e futuros padrinhos do batizando, aprofundaremos sobre o significado do Sacramento do Batismo para a fé cristã católica. Saber o que é o batismo, por que ele é necessário para a nossa salvação, quais os seus efeitos, etc. Como o Batismo é, também, uma inserção na comunidade de fé e esta, por sua vez, é significada pelo local de culto, aconselhamos que os encontros aconteçam na igreja onde será realizada a celebração batismal, aproveitando melhor os sinais da fé que aí existem.

Preparando o encontro

Ao redor da fonte ou pia batismal, dispor todos os elementos utilizados na celebração: água benta, óleo dos catecúmenos e do crisma, círio pascal, velas, veste branca, sal e imagem da Sagrada Família. Caso não seja possível realizar o encontro no interior da igreja, os elementos poderão ser colocados no centro da sala ou em um lugar de destaque, organizados de maneira harmônica. Ainda, providenciar oito banners ou cartazes, com as palavras-chave: Dom, Graça; Batismo; Unção; Veste; Banho; Selo.

Acolhida

A medida que os participantes vão chegando, pode-se cantar o refrão meditativo: *Banhados em Cristo, somos uma nova criatura*.

Oração inicial

Convidar a todos a ficarem em pé para a oração inicial. Após traçar o sinal da cruz, e realizar uma oração com breves palavras, poderá invocar o Espírito Santo com a oração "Vinde Espírito Santo..." ou com um canto. Logo após dirige-se ao Ambão e proclama o texto bíblico. Antes da proclamação poderá ser entoado um canto de aclamação ao Evangelho.

ILUMINADOS PELA PALAVRA DE DEUS E DA IGREJA

Texto bíblico: Mt 28,16-20.

Após a leitura do texto evangélico, guardar um instante de silêncio para que sob a luz da Palavra e do Espírito Santo, os ouvintes possam meditar à luz da vida e da história pessoal.

Como numa Leitura Orante da Palavra de Deus, o catequista da Pastoral do Batismo motiva os pais e padrinhos para que façam uma partilha da Palavra, dizendo uma frase ou uma palavra que chamou a atenção, ou ainda, alguma mensagem que possa ter-lhes tocado a partir do texto bíblico.

Catequese Batismal

Em seguida, o catequista apresenta uma Catequese Batismal sobre os seguintes pontos:

1º A etimologia (origem) da palavra Batismo

Em grego *"baptízein"* e que significa "mergulhar", "imergir". É um mergulho que significa a nossa participação na morte redentora de Cristo, para com Ele ressuscitar a uma nova vida. (cf. 2Cor 5,17; Gl 6,15). Se morremos com Cristo, com ele também ressuscitaremos (cf. Rm 6,8), nascendo a partir da água e do Espírito (cf. Jo 3,5; Tt 3,5).

DINÂMICA: Ler o texto sobre o batismo segundo São Gregório Nazianzeno, e, enquanto profere a leitura, alguém introduz pequenos banners ou cartazes com as palavras chaves do texto em volta da pia batismal ou do símbolo da água. São 8 banners, sendo um para cada palavra-chave: *1. Dom; 2. Graça; 3. Batismo; 4. Unção; 5. Iluminação; 6. Veste; 7. Banho; 8. Selo.*

> "O Batismo é o mais belo e o mais magnífico dom de Deus. [...]
>
> Chamamo-lo de dom, graça, unção, iluminação, veste de incorruptibilidade, banho de regeneração, selo e tudo o que existe de mais precioso.
>
> **DOM,** porque é conferido àqueles que nada trazem.
>
> **GRAÇA,** porque é dado até aos culpados.
>
> **BATISMO,** porque o pecado é sepultado na água.
>
> **UNÇÃO,** porque é sagrado e régio (tais são os que são ungidos).
>
> **ILUMINAÇÃO,** porque é luz resplandecente.
>
> **VESTE,** porque cobre a nossa vergonha.
>
> **BANHO,** porque lava.
>
> **SELO,** porque nos guarda e é o sinal do senhorio de Deus".
>
> (S. Gregório Nazianzeno, Or. 40,3-4: PG 36,361C)

Os presentes poderão ser incentivados a grifarem no *Diário* da família as oito palavras-chaves destacadas na reflexão.

2º A prefiguração do Batismo no Antigo Testamento

Grandes acontecimentos da história da salvação apontam para o mistério do Batismo. Desde o início da criação a água é símbolo da vida e da fecundidade (cf. Gn 1,1-13). O próprio dilúvio é sinal do batismo por meio sinal antagônico das águas que ao mesmo tempo que destruidoras da criação corrompida pelo mal, salva e faz germinar a vida nova, segundo os desígnios de Deus (cf. Gn 6–9). A própria libertação da escravidão do Egito, significada pela travessia no mar Vermelho, simboliza a libertação do pecado original que a graça batismal opera em nós (Ex 14,15-31). De modo semelhante, a travessia do Jordão significa a realização das promessas de Deus que prometeu ao seu povo uma terra, sinal escatológico da cidade eterna para onde peregrinamos e é imagem da vida eterna (cf. Js 3,1-17).

3º O Batismo no Novo Testamento

Todos os sinais prefigurativos do batismo no Antigo Testamento encontram sua realização em Jesus Cristo. O próprio João Batista, com o seu batismo de conversão e anúncio da proximidade do Reino (cf. Mt 3,1-5), já apontava para o Cordeiro de Deus, aquele que tira o pecado do mundo (cf. Jo 1,29-31). Foi João também, quem batizou o próprio autor do batismo, Jesus Cristo, confirmando sua manifestação e sua missão por meio do Espírito e da voz de Deus-Pai que diz: "este é o meu Filho amado, em quem me comprazo" (cf. Mt 3,13-17). No alto da cruz, através dos sinais do sangue e da água que escorreram do seu lado aberto pela lança que Jesus abriu a todos os homens as fontes do batismo (cf. Jo 19,34; 1Jo 6,6-8). Por fim, após sua ressureição, Jesus confiou aos discípulos a missão de batizar todos os povos em nome da Santíssima Trindade (cf. Mt 28,19-20).

Cantar ou rezar a oração de *"bênção da água batismal"* onde se faz memória dos acontecimentos da história da salvação e que prefiguram o batismo no Antigo Testamento e sua realização em Cristo:

Ó Deus, pelos sinais visíveis dos sacramentos realizais maravilhas invisíveis.

Ao longo da história da salvação, vós vos servistes da água para fazer-nos conhecer a graça do batismo.

Já na origem do mundo, vosso espírito pairava sobre as águas, para que elas concebessem a força de santificar.

Nas próprias águas do dilúvio,

prefigurastes o nascimento da nova humanidade, de modo que a mesma água sepultasse os vícios e fizesse nascer a santidade.

Concedestes aos filhos de Abraão atravessar o Mar Vermelho a pé enxuto,

para que, livres da escravidão, prefigurassem o povo nascido da água do batismo.

Vosso Filho, ao ser batizado nas águas do Jordão, foi ungido pelo Espírito Santo.

Pendente na cruz, do seu coração aberto pela lança fez correr sangue água.

Após sua ressurreição, ordenou aos apóstolos:

"Ide, fazei meus discípulos todos os povos,

e batizai-os em nome do Pai e do Filho e do Espírito Santo".

Olhai agora, ó Pai, a vossa Igreja, e fazei brotar para ela a água do batismo.

Que o Espírito Santo dê, por esta água, a graça do Cristo, a fim de que o ser humano, criado à vossa imagem, seja lavado da antiga culpa pelo batismo e renasça pela água e pelo Espírito Santo para uma vida nova.

Nós vos pedimos, ó Pai, que por vosso Filho desça sobre toda essa água a força do Espírito Santo.

E todos os que, pelo batismo, forem sepultados na morte com Cristo, ressuscitem com ele para a vida. Por Cristo, nosso Senhor.

Amém! (Missal Romano, Vigília Pascal 42: bênção da água batismal)

Terminada a Catequese sobre estes 3 pontos, o catequista prossegue com uma espécie de *lectio divina* do texto evangélico de São Mateus, proferido no início da oração.

ILUMINADOS PELA PARTILHA DA PALAVRA DE DEUS

Após um breve instante de silêncio, o catequista faz uma pequena reflexão acerca do texto evangélico meditado, expondo os elementos centrais:

Jesus Ressuscitado que aparece aos onze discípulos, também se manifesta hoje em nosso meio através da Igreja e, de modo específico, através dos sacramentos; em especial, a Eucaristia e o Batismo. Por meio desta presença sacramental nos é dada a fé e a certeza que sua presença no mundo é contínua (cf. vv. 16-18).

O mandato discipular-missionário de Jesus Cristo, mostrando que todo batizado recebe uma missão de Cristo Mestre: ao tornar-se ele um cristão pela graça filial do batismo que nos configura a Cristo, é movido pela presença do mesmo espírito de Cristo a dar testemunho de Suas obras no mundo (cf. v. 19).

Este testemunho cristão, só é possível, graças ao batismo que nos insere no seio da Trindade Santa, e que, por meio da comunhão entre o batizando e o Deus-Trino, participamos da divindade de Deus, na condição e na graça batismal de filhos e filhas de Deus (cf. v. 19).

Para perseverar nesta graça batismal e continuar a missão que Cristo confiou à sua Igreja, é necessário que observemos os mandamentos e tudo quanto Jesus nos ensinou. Vale dizer que a graça que recebemos no batismo deve ter coerência e incidência no nosso ser e no nosso agir quotidiano; vale dizer, no nosso ser cristão (cf. v. 20a).

Vivendo o nosso batismo na fé que recebemos da Igreja e dentro dela, manifestamos a presença constante de Jesus Cristo, permanecendo conosco todos os dias quando nos reunimos em Seu nome (cf. v. 20b).

A graça Batismal

Por fim, concluir apresentando os dois principais efeitos do batismo:

- a purificação dos pecados;
- e o novo nascimento no Espírito Santo.

1º A remissão dos pecados

Por meio do batismo, são perdoados todos os pecados:

- » O pecado original ou pecado das origens, conhecido como pecado de Adão.
- » Os pecados pessoais, ocasionados em nossa liberdade e fragilidade.
- » As penas do pecado; isto é, suas sequelas, das quais a mais grave é a separação de Deus.

A Igreja lembra em sua doutrina que, como as consequências temporais do pecado ainda permanecem depois do batismo, o cristão é chamado, por força da fé e da vida nova em Cristo, a vencer a concupiscência, isto é, a propensão ao pecado que ainda permanece em nós.

2º A dignidade de filho de Deus

Segundo o *Catecismo da Igreja Católica,* o Batismo:

> "não somente purifica de todos os pecados, como faz também do neófito [o batizado] «uma nova criatura» (cf. 2Cor 5,17), um filho adotivo de Deus (cf. Gl 4,5-7), tornado «participante da natureza divina» (cf. 2Pd 1,4), membro de Cristo (cf. 1Cor 6,15; 12,27) e coerdeiro com Ele (cf. Rm 8,17), templo do Espírito Santo (cf. 1Cor 6,19)".

A Santíssima Trindade confere ao batizado a graça santificante, a graça da justificação, que:

- » o torna capaz de crer em Deus, esperar n'Ele e O amar, pelas virtudes teologais [Fé, Esperança e Caridade];
- » lhe dá o poder de viver e agir sob a moção do Espírito Santo e pelos dons do Espírito Santo;
- » lhe permite crescer no bem, pelas virtudes morais.

Assim, "todo o organismo da vida sobrenatural do cristão tem a sua raiz no santo Batismo" (*Catecismo da Igreja Católica,* nn. 1265-1267).

Oração final

O catequista convida a todos a rezar o Pai-nosso e logo depois de braços abertos conclui com a oração:

Deus Pai de bondade, fazei que estes pais e padrinhos, possam ser verdadeiros exemplos de sua Palavra aos seus filhos e afilhados. Que eles sejam um suporte no amadurecimento cristão daqueles que lhes foram confiados. Que tenham êxito na sua missão de introduzir as crianças na fé cristã através do testemunho, diálogo e vivência comunitária. Tudo isso te pedimos por Cristo nosso Senhor. Amém!

No final da oração, o catequista conclui com a aspersão da água benta sobre todos os participantes, introduzindo o rito com estas palavras: *Que esta recorde o batismo que nos purificou dos pecados e a vida nova que dele recebemos.* Em seguida faz-se a aspersão, que pode ser acompanhada por um canto próprio, tipo o refrão meditativo sugerido no início do encontro: *Banhados em Cristo, somos uma nova criatura.*

Após o encontro pode ser servido um "café" favorecendo a interação entre os participantes e os membros da Pastoral do Batismo.

Material de apoio

Todo o conteúdo deste encontro está fundamentado no *Catecismo da Igreja Católico*, no artigo sobre o Batismo, nn. 1213-1284. O *Catecismo* é a fonte universal, válido para todas as dioceses e suas paróquias. Outros materiais de catequese elaborados pela própria Igreja local poderão ser utilizados para a preparação do encontro.

2º Encontro

Pelos sinais visíveis, Deus realiza maravilhas invisíveis

Palavra inicial: Com este encontro queremos refletir com os pais e futuros padrinhos, a riqueza teológica e litúrgica do Sacramento do Batismo, partindo de cada rito e símbolo que constitui sua celebração. Aconselhamos que este encontro aconteça na igreja onde será realizado a celebração batismal.

Preparando o encontro

Ao redor da fonte ou pia batismal, dispor todos os elementos utilizados na celebração: água, óleo dos catecúmenos e do crisma, círio pascal, velas, veste branca, sal, e imagem de Nossa Senhora. Se não for possível realizar o encontro na igreja, os elementos poderão ser colocados no centro da sala ou em um lugar de destaque, organizados de maneira harmônica.

Acolhida

A medida que os participantes vão chegando, pode-se cantar o refrão meditativo: *Banhados em Cristo, somos uma nova criatura.*

Oração inicial

O catequista da Pastoral do Batismo convida a todos a ficarem em pé para a oração inicial. Após traçar o sinal da cruz, e realizar uma oração com breves palavras, poderá invocar o Espírito Santo com a oração "Vinde Espírito Santo..." ou com um canto. Logo após dirige-se à mesa da Palavra e proclama o texto bíblico.

ILUMINADOS PELA PALAVRA DE DEUS E DA IGREJA

Texto bíblico: Rm 6,3-11.

Depois de um momento de silêncio o catequista lê o texto novamente bem devagar para que todos possam guardar na mente e no coração a Palavra proclamada.

ILUMINADOS PELA PARTILHA DA PALAVRA DE DEUS

O catequista incentiva os pais e padrinhos a partilharem uma frase ou palavra que lhes chamou atenção, ou alguma mensagem que possa os ter tocado a partir do texto bíblico.

Depois de ouvi-los, o catequista diz que Paulo ao escrever aos Romanos está anunciando uma realidade invisível, que é a nossa salvação pela morte e ressurreição de Jesus, e nossa adoção como filhos e filhas de Deus, revelada através de sinais sensíveis, ou seja através de um conjunto de ritos e símbolos que constituem a celebração do Batismo.

O catequista explica que através de gestos (ritos) e de objetos (símbolos e sinais), Jesus se comunica a nós, mostrando realidades que vão simplesmente além do que estamos vendo na celebração. Os ritos e símbolos comunicam uma realidade que não está ao alcance da razão, pois ele é mais amplo e o complementa. Os sinais sensíveis, ou seja, que passam pelos sentidos (tato, paladar, visão, audição e olfato), nos permitem entrar em contato com uma realidade que não está ao alcance dos sentidos, mas que precisa da realidade sensível para se revelar ao ser humano em busca do mistério e do sentido da vida. Essa é a maneira da liturgia se comunicar, ao nos fazer experienciar os sinais sensíveis, tocamos o mistério, e ele se manifesta a nós.

Neste sentido, os ritos e símbolos utilizados na celebração batismal nos comunicam qual o sentido do Batismo, indicando como deve ser a nossa caminhada de fé, enquanto cristãos.

O rito poderá variar de acordo com a realidade de cada comunidade. Aqui descrevemos a do Ritual do Batismo de Crianças.

O catequista poderá pedir para que os pais e padrinhos recordem de alguma celebração batismal do qual possam ter participado, e digam alguns elementos desta celebração (ritos e símbolos) que lembrarem.

O catequista então poderá em uma cartolina ou em um quadro, escrever o que os pais e padrinhos disserem, e assim poderá ir estruturando o **rito do batismo** conforme esquema, proposto na sequência.

Ritos de Acolhida

- Chegada
- Saudação
- Apresentação das crianças e pedido do batismo
- Sinal da Cruz
- Procissão de entrada
- Liturgia da Palavra
- Proclamação da Palavra
- Homilia
- Oração dos fiéis *(e invocação dos santos)*
- Oração
- Unção pré-batismal *(óleo dos catecúmenos)*
- Liturgia Sacramental
- Procissão para o Batistério
- Oração sobre a água *(quem preside toca a água ou mergulha o círio pascal)*
- Promessas do Batismo
- Batismo *(fonte batismal ou pia batismal ou jarro e bacia – água)*

Ritos complementares

- Unção pós batismal *(óleo do Santo Crisma)*
- Veste Batismal *(veste branca)*

Rito da Luz (círio pascal – vela)

Ritos complementares opcionais

- Entrega do Sal (sal)
- Éfeta

Ritos finais

- Oração do Senhor
- Bênção
- Despedida

Apresentamos o rito completo, porém, para uma melhor compreensão dos pais e padrinhos, o catequista poderá simplificar esta estrutura. A medida que forem falando, colocar na frente de cada rito os símbolos e sinais utilizados conforme colocamos entre parênteses. O catequista poderá orientar, os que quiserem, a fazer estas anotações no esquema presente no *Diário* da família, escrevendo ou grifando os símbolos e ritos da celebração batismal.

Após este momento, mostrar que a celebração do batismo é constituída por diversos ritos e símbolos (sinais sensíveis), e que cada parte da celebração tem um sentido, ou seja, quer comunicar uma realidade transcendente, invisível aos nossos olhos. A celebração ritual do batismo nos da possibilidade de entrar num outro cosmo, numa outra dimensão e realidade: O mistério de Deus.

O catequista poderá então perguntar aos participantes se eles saberiam o significado destes símbolos e ritos utilizados pela liturgia na celebração do Batismo. O por que Jesus escolhe a água como símbolo máximo deste sacramento? Qual o sentido do óleo e de sermos ungidos? O significado da luz, da veste branca, do sal... Em seguida poderá trabalhar o significado de alguns destes símbolos e sinais utilizados na celebração.

Óleo

O óleo de oliva era considerado pelos antigos como uma substância de grande poder. No Oriente antigo, mais que em outras religiões, a unção era remédio usado para a cura de doenças, seu uso é facilmente encontrado nas grandes ações do Antigo e Novo Testamento até o Messias ser chamado o ungido de Deus por excelência, ungido = Cristo = cristãos.

No Sacramento do Batismo, a unção com o óleo dos catecúmenos indica a fortaleza na luta da vida cristã. Ao ungir a criança, a Igreja quer transmitir a força de Deus para aquele que começa a vida cristã, que certamente não será fácil. Como dizia Santo Ambrósio, "somos ungidos porque empreendemos uma luta". A própria oração de bênção do óleo nos indica isto:

> Ó Deus, força e proteção de vosso povo que fizestes do óleo, vossa criatura, um sinal de fortaleza: dignai-vos abençoar este óleo, e concedei o dom da força aos catecúmenos que com ele forem ungidos; para que, recebendo a sabedoria e virtudes divinas, compreendam mais profundamente o Evangelho do vosso Cristo, sejam generosos no cumprimento dos deveres cristãos e, dignos da adoção filial, alegrem-se por terem renascido e viverem em vossa Igreja. (PR, n. 22, p.529)

Na unção, as palavras proferidas pelo ministro também evocam a força de Cristo para o catecúmeno: "O Cristo Salvador lhes dê a sua força..."(RBC, 1999, n. 59). Na unção pré-batismal, recordamos os guerreiros e atletas que desde antigamente já efetuavam essa unção, preparando-se para o combate e para o esforço. Todo o corpo dos guerreiros era ungido com óleo, para que durante a batalha, fizessem escorregar as mãos dos inimigos. Cirilo de Jerusalém escreve em uma de suas catequeses mistagógicas o significado desta unção:

Fostes ungidos com óleo exorcizado desde o alto da cabeça até os pés. Assim, vos tornastes participantes da oliveira cultivada, Jesus Cristo. Cortados da oliveira bravia, fostes enxertados na oliveira cultivada e vos tornastes participantes da abundância da verdadeira oliveira. O óleo exorcizado era símbolo, pois, da participação da riqueza de Cristo. Afugenta toda presença das forças adversas. Como a insuflação dos santos e a invocação do nome de Deus, qual chama impetuosa, queima e expele os demônios, assim este óleo exorcizado recebe, pela invocação de Deus e pela prece, uma tal força que, queimando, não só apaga os vestígios dos pecados, mas ainda põe em fuga as forças invisíveis do maligno (CIRILO DE JERUSALÉM, 2004, p. 33).

O óleo é utilizado também pela Igreja para ungir as pessoas consagrando-as, ou seja, marcando-as para Deus e enviando-as em missão. Para isso utiliza o óleo do Santo Crisma, um óleo consagrado pelo bispo na quinta-feira santa e que é misturado com perfumes (mirra ou balsamo). O perfume é sinal do Espírito Santo que penetra em nós e nos faz espalhar na sociedade o bom odor de Cristo. O cristão deve ser perfume para uma sociedade que cheira corrupção, violência... Como ungidos, somos chamados a ser a diferença no mundo.

Água

É o símbolo mais importante do batismo. Ele logo nos remete à vida: água que dá a vida e mata a sede, rega a plantação. Fonte, rio, mar, chuva. Água presente no útero materno que envolve o feto (líquido amniótico). Água sinal também de morte, que destrói: afogamento, enchentes. Água que lava, purifica, limpa.

Neste sentido, no batismo, a água é sinal de morte e de vida: Com o batismo morremos para o pecado (entrar na água, mergulhar, afundar, afogar, morrer), e na fonte batismal, ser gerados no grande útero da mãe Igreja, na água fecundada e portadora do Espírito Santo que regenera, que cria a vida nova em Cristo. Sair da água (ser salvo). Ganhamos nova vida, lavados e purificados de todo o pecado. Cristo, a fonte de água viva!

É importante frisar, que o gesto central do Batismo é o banho de água e não somente a água, pois em nenhum sacramento o sinal é um elemento, mas sim uma ação. O Catecismo da Igreja, ao tratar da mistagogia da celebração do batismo, diz: "O Batismo propriamente dito, que significa e realiza a morte ao pecado e a entrada na vida da Santíssima Trindade por meio da configuração ao mistério pascal de Cristo. O Batismo é realizado da maneira mais significativa pela tríplice imersão na água batismal" (CIgC, n. 1239).

Neste sentido, o Ritual do Batismo de Crianças diz que existem três modos de se batizar: "1) mergulhando a criança parcial ou totalmente na água; 2) derramando água sobre a cabeça da criança e deixando-a escorrer sobre todo o corpo; 3) derramando água somente sobre a cabeça" (RBC, 1999. n. 73). O ritual vai dizer ainda no mesmo número, que "convém que a água seja abundante, de modo que o batismo apareça como verdadeira passagem pela água ou banho". Neste sentido a primeira e segunda forma de realizar o batismo se tornam mais apropriados. Taborda assim explicita:

> A imersão na água significa simbolicamente morte, desaparecimento, volta ao ponto zero da existência. Em perspectiva antropológica, a imersão equivale à morte pessoal; em perspectiva cósmica, à morte coletiva, ao dilúvio, catástrofe que destrói o mundo pelo retorno do oceano primordial. (TABORDA, 2001. p. 153)

Ser mergulhado na água e ser lavado por ela são atos que se integram ao simbolismo da sepultura e da purificação. A água que destrói (sentido negativo) é antes de tudo origem e geradora da vida (sentido positivo). Todo ser vivo, inclusive o homem, brota da água: o líquido do útero materno... que faz brotar a semente... que mata a sede... Por essa razão, se vê essa dupla vertente de vida e morte, enfatizando, naturalmente, seu aspecto mais positivo de fonte de vida no simbolismo religioso, principalmente no Batismo Cristão. O homem mergulhado na água, morre para o pecado, para a vida antiga e ressurge, renasce numa nova vida.

Recorramos ainda, a mais um trecho da oração de bênção de batistério ou de uma nova fonte batismal no qual se pode visualizar de forma mais explícita, toda a simbologia da água e da fonte batismal:

> Ó Deus criador do mundo, pai de todos os seres, é nosso dever dar-vos graças por nos concederdes abrir com rito solene, esta fonte de salvação de vossa Igreja. Aqui se oferece um banho que torna puros, de uma candura nova, aqueles que a sordidez antiga do pecado recobrira; aqui a torrente lava os pecados e germina em virtudes novas; jorra uma fonte que emana do lado de Cristo, cujas águas matam a sede de vida eterna. Daqui, o facho da fé expande a luz, que afasta as trevas do coração e revela as coisas celestiais; aqui, os que creem se associam à morte de Cristo para ressurgirem com ele para uma vida nova. (RB, 2013. pp. 311-312)

Da oração, fica claro que o batismo é um banho e o batistério contempla uma fonte onde jorra água. Essa água que jorra, é uma água fecunda, que gera vida, pois nasce do lado aberto de Cristo. Jesus Cristo se serviu deste elemento natural para comunicar uma realidade mais profunda: a inserção no seu mistério de Morte e Vida. Aliás, o próprio termo "batismo", "batizar", significa "imergir", "submergir" e é usado também, referindo-se à embarcação que afunda ou se faz afundar. Um trecho das catequeses mistagógicas de Cirilo de Jerusalém faz uma síntese de todo simbolismo presente no batismo por imersão:

> Depois disto fostes conduzidos pela mão à santa piscina do divino batismo, como Cristo da cruz ao sepulcro que está à vossa frente. E cada qual foi perguntado se cria no nome do Pai e do Filho e do Espírito Santo. E fizestes a profissão salutar, e fostes imersos três vezes na água e em seguida emergistes, significando também com isto, simbolicamente, o sepultamento de três dias de Cristo. E assim como nosso Salvador passou três dias e três noites no coração da terra, do mesmo modo vós, com a primeira emersão, imitastes o primeiro dia de Cristo na terra, e com a imersão, a noite. Como aquele que está na noite nada enxerga e ao contrário o que está no dia tudo enxerga na luz, assim vós na imersão, como na noite, nada enxergastes; mas na emersão, de novo vos encontrastes no dia. E no mesmo momento morrestes e nascestes. Esta água salutar tanto foi vosso sepulcro como vossa mãe. (CIRILO DE JERUSALÉM, 2004. p. 34)

Como se pode compreender, o Batismo por imersão é a forma "ordinária" de se batizar, desde os inícios da Igreja, pois fica muito mais visível aos fiéis o que significa. Somente em casos extremos e de real necessidade, dever-se-ia batizar por efusão.

OBSERVAÇÃO: Se for conveniente, o catequista já poderá indicar aos pais a forma adotada pela comunidade para o batismo.

Veste batismal

Com o batismo nos revestimos de Cristo, e a veste batismal simboliza este revestimento, a vida nova que deve ser levada sem mancha, até a vida eterna. A veste costuma ser de cor branca. Remete-nos ao livro do Apocalipse: "Estes, que estão vestidos com túnicas brancas [...] Estes são os que vieram da grande tribulação. Lavaram e branquearam as suas vestes no sangue do cordeiro" (7,13-14). Em Cristo, pelo seu sangue derramado na cruz e com sua morte, fomos lavados e libertos do pecado.

A origem deste rito remonta às palavras de Paulo aos Gálatas 3,27: "pois todos vós, que fostes batizados em Cristo, vos vestistes de Cristo". Os cristãos começaram bem cedo a expressar através de um símbolo o que se afirmava como conteúdo. Assim, depois do Batismo os neófitos vestiam uma túnica branca como sinal da nova vida recebida, da nova dignidade de pertencer ao Povo de Deus. Teodoro de Mopsuéstia nos oferece o primeiro testemunho claro deste rito, por volta da metade do séc. IV: "Mal saiu da fonte, você pôs uma bela vestimenta de um branco puro. Esse é um sinal de brilhante esplendor diante do mundo e o modo de vida a que simbolicamente você se integrou" (TEODORO DE MOPSUÉSTIA. In. *Manual de Liturgia*, 2011. p. 64). Torna-se expressão da nova criação, do caráter nupcial da Igreja e da redenção escatológica, do ser humano que passou pela transfiguração pascal (cf. Ap 7,9ss).

Quem preside entrega a veste branca aos neófitos dizendo: "N. N., vocês nasceram de novo e se revestiram de Cristo; por isso, trazem a veste batismal. Que seus pais e padrinhos os ajudem por sua palavra e exemplo a conservar a dignidade de filhos e filhas de Deus até a vida eterna" (RBC, 1999. n. 82). Em seguida os padrinhos ou as madrinhas revestem o recém-batizado com a veste batismal. Assim, a criança deve chegar com uma roupa e sair com outra, comunicando a graça recebida pelo batismo.

> **OBSERVAÇÃO**
>
> *O catequista poderá orientar os pais para que no dia da celebração do batismo as crianças venham com uma roupa qualquer, e que a veste branca seja trazida para ser colocada após o mergulho ou derramamento da água do batismo. Isso se o clérigo e a equipe seguirem nossa sugestão como expresso nas orientações pastorais para a celebração do batismo.*

Luz   Os cristãos eram também chamados de iluminados. Iluminados pela luz de Cristo, pelo ressuscitado, simbolicamente representado no Círio Pascal, que fica ao lado da fonte batismal, depois do tempo pascal. "Eu sou a luz do mundo..." (Jo 8,12). O Círio Pascal é o *Lumen Chisti* (Luz de Cristo), o Ressuscitado, a nova coluna de fogo, a luz nova na peregrinação dos cristãos até a Jerusalém Celeste. As demais velas simbolizam a luz que o Cristão deve irradiar no mundo muitas vezes escuro pelo pecado.

Durante o batizado, os padrinhos recebem uma vela e a acendem no círio pascal e entregam ao afilhado e quem preside diz: "Queridas crianças, vocês foram iluminadas por Cristo para se tornarem luz do mundo. Com a ajuda de seus pais e padrinhos, caminhem sempre como filhos e filhas da luz" (RBC, 1999. n. 84). Essa vela significa que toda luz procede de Cristo-luz e que essa luz deve crescer sem se apagar. "Em Cristo, os batizados são 'a luz do mundo' (Mt 5,14)" (CIgC, n. 1243). O simbolismo da luz que dissipa as trevas fez com que nos primeiros tempos o Batismo fosse chamado "iluminação". Ainda a entrega da luz refere-se às lâmpadas acesas das virgens sábias, que não podem deixar a chama se apagar (cf. Mt 25,1-13). Somos chamados a sair ao encontro do Senhor que vem, com lâmpadas acesas, recordando a vigilância e a espera do Reino.

O batismo resulta ser, portanto, o início de uma iluminação que terá o seu cumprimento na luminosidade do Reino (cf. Ap 22,5). Este sentido era bem expresso pelo costume de nossos antepassados de conservar a vela batismal e acendê-la nos momentos mais significativos da vida cristã: Os batizados, quando criança, acendiam novamente sua vela batismal na primeira Eucaristia e Crisma, acendiam no dia do matrimônio ou nas ordenações em seus três graus e ainda quando iriam receber o sacramento da unção dos enfermos. A vela acesa ia se consumindo aos poucos, a cada etapa, símbolo de nossa vida cristã consumida por Cristo, e por fim apagava-se definitivamente no dia da Páscoa do batizado, que era velado e sepultado com a vela batismal nas mãos, símbolo e testemunha de uma vida consumida pela fé no Cristo.

> **OBSERVAÇÃO**
> Seria importante o catequista orientar os pais a guardarem com carinho a vela batismal dos filhos, para ser utilizada na celebração dos demais sacramentos, mostrando a unidade e o caminho percorrido, enquanto cristãos.

Sal — Em uma de suas parábolas Jesus nos convida a ser "sal da terra". "Se o sal perde seu sabor, com que salgaremos?" (Mc 5,13). No mundo quando não há graça e esperança o cristão recebe a missão de fazer a diferença, de ser testemunho e sinal de contradição. O cristão deve ser o sabor, a Boa Nova, levar a esperança para a sociedade.

Outros ritos, símbolos e sinais poderão ser aprofundados de acordo com a necessidade e sensibilidade do grupo.

À medida que os símbolos e sinais forem aprofundados, o catequista poderá fazer com que os catequizandos tenham contato com eles. Pedindo que se aproximem da fonte ou pia batismal ou ainda de uma grande bacia com água se não for possível estar na igreja, para que toquem a água. Pedir para que sintam o cheiro do óleo do Crisma... que sintam o sabor do sal, etc.

Diante de tudo o que foi falado, pedir para que os pais e padrinhos partilhem o que os tocou, o que foi mais significativo e que os tenha ajudado a melhor compreender o significado do Batismo.

Depois, comunica-lhes a realização da celebração com os ritos de acolhida (se esta for realizada) e a data e horário do próximo encontro, bem como alguma outra orientação pertinente e os convida a oração final (ver observação do material de apoio).

Oração final

O catequista convida a todos a rezar o Pai-nosso e logo depois de braços abertos conclui com a oração:

Deus Pai de bondade, fazei com que estes pais e padrinhos, possam ser verdadeiros exemplos de sua Palavra aos seus filhos e afilhados. Que eles sejam um suporte no amadurecimento cristão daqueles que lhes foram confiados. Que tenham êxito na sua missão de introduzir as crianças na fé cristã através do testemunho, diálogo e vivência comunitária. Tudo isso te pedimos por Cristo nosso Senhor. Amém!

No final da oração, o catequista impõe as mãos sobre a cabeça de cada pai e padrinho e traçando o sinal da cruz em suas frontes, diz: *"Testemunhai os valores assumidos no seu batismo ...N..., vai em Paz, que o Senhor te acompanhe!"*

Após o encontro pode ser servido um "café" favorecendo a interação entre os participantes e os membros da Pastoral do Batismo.

Material de apoio

Será muito importante o catequista ter em mãos o Ritual do Batismo de Crianças e analisar toda a estrutura do capítulo I (Rito para o batismo de várias crianças), observando além da sequência, as rubricas de como proceder.

No livro: **As celebrações do RICA, conhecer para bem celebrar**, de autoria do Pe Thiago Faccini Paro, publicado pela Editora Vozes, você poderá encontrar o significado de alguns ritos e de outros símbolos para poder aprofundar com os pais e padrinhos, dentre eles: O sinal da cruz, a ladainha, o Éfeta, a unção com o crisma.

Sugerimos ainda, a leitura e estudo das **Catequeses Mistagógicas de Cirilo de Jerusalém**, que podem ser encontradas no livro de mesmo nome, publicado pela Editora Vozes.

> **OBSERVAÇÃO**
>
> Sugerimos que em uma das celebrações dominicais após a realização deste encontro, aconteça os RITOS DE ACOLHIDA, que constituem a primeira parte da celebração do batismo, conforme esquema a seguir. O catequista poderá falar brevemente sobre o rito e orientar os pais a escreverem no diário da família o porque querem batizar os filhos, e que poderá ser lido durante a celebração no rito de acolhida. Lembra-los ainda de levar para a celebração o diário.

Celebração de apresentação das crianças

(RITOS DE ACOLHIDA)

Palavra inicial: O objetivo desta celebração é apresentar a toda a comunidade as crianças que serão batizadas e dela farão parte, bem como apresentar seus pais e padrinhos, para que sejam acolhidos e ajudados nesta importante missão. Ainda, destacar três pontos importantes dos ritos de acolhida: o nome, o desejo de batizar e a educação na fé. Aconselhamos que este momento aconteça numa celebração dominical, com a presença de toda a comunidade. Porém, por motivos pastorais pode ocorrer num outro dia.

Preparando o ambiente: Lista com os nomes dos pais ou responsáveis, padrinhos e crianças que serão apresentadas e círio pascal. Bancos poderão ser reservados para os que participarão do rito.

Os pais e padrinhos, juntamente com as crianças que serão acolhidas, aguardam no átrio da igreja, até a saudação inicial, onde serão solenemente introduzidas no espaço celebrativo.

Procissão inicial: A celebração eucarística inicia-se como de costume. Após a saudação inicial, e breve monição se houver, quem preside faz a entronização das crianças e procede o rito de acolhida.

Entronização e acolhimento das crianças

Quem preside, recordando a importância da iniciação cristã, convida toda a comunidade a acolher as crianças que em breve serão batizadas, trazidas por seus pais ou responsáveis e futuros padrinhos. As crianças são trazidas em procissão pelo corredor da igreja. Enquanto isso pode-se entoar um canto.

Apresentação das crianças e pedido de batismo

Quem preside inicia um diálogo espontâneo com os pais, padrinhos e comunidade sobre o nome que escolheram para a criança, o desejo de batizá-la e suas disposições de educá-la na fé. Ou então diz:

Pr. Queridos pais e mães, vocês transmitiram a vida a estas crianças e as receberam como um dom de Deus, um verdadeiro presente. Que nome escolhestes para elas e o que pedem à Igreja de Deus para seus filhos e filhas?

Os pais apresentam a criança à comunidade, dizendo o nome e o porquê desejam batizá-la. Os pais poderão ler o que escreveram em seus livros.

Quando as circunstâncias permitirem e for pequeno o número de crianças, quem preside após a fala dos pais, pode receber a criança em seus braços e a assembleia aclama cada vez, cantando ou dizendo:

Todos: Bendito seja Deus para sempre!

Depois de acolher todas as crianças, bem como as respostas apresentadas, e se oportuno, frisando o sentido do batismo, pede aos pais e as mães que manifestem sua disposição em educar na fé seus filhos e filhas:

Pr. Pelo batismo estas crianças vão fazer parte da Igreja.

Vocês querem ajudá-las a crescer na fé, observando os mandamentos e vivendo na comunidade dos seguidores de Jesus?

Pais e mães: SIM QUEREMOS!

Pr. Padrinhos e madrinhas, vocês estão dispostos a colaborar com os pais em sua missão?

Padrinhos e Madrinhas: SIM ESTAMOS!

Pr. E todos vocês, queridos irmãos e irmãs, aqui reunidos, querem ser uma comunidade de fé de amor para estas crianças?

Todos: SIM QUEREMOS!

- **Sinal da Cruz**

Quem preside prossegue com o rito de assinalação da cruz:

Pr. Nosso sinal é a cruz de Cristo. Por isso vamos marcar estas crianças com o sinal do Cristo Salvador. Assim, N. N. nós os (as) acolhemos na comunidade crist**ã.**

O sinal da cruz na fronte das crianças é feito por quem preside, pelos pais e mães, padrinhos e madrinhas e, eventualmente por algumas pessoas da comunidade. Pode-se cantar um canto apropriado, enquanto se procede a assinalação.

Após a assinalação, uma cruz ou crucifixo poderá ser entregue aos pais ou responsáveis para ser colocado no berço ou no quarto da criança.

Conclui-se o rito com a oração pedindo a Deus que preservem as crianças de todo mal. Quem preside, os pais e mães, os padrinhos e madrinhas impõem as mãos sobre a cabeça das crianças e fazem uma oração em silêncio. Após alguns instantes, quem preside reza com as mãos estendidas:

Pr. Deus, da vida e do amor, vós enviastes vosso Filho Jesus ao mundo para nos libertar do pecado e da morte. Afastai destas crianças todo male ajudai-as a combater o bom combate. Como templos vivos do Espírito Santo, manifestai as maravilhas do vosso amor. Por Cristo, nosso Senhor.

Todos: Amém!

Terminada a oração, os pais e mães com seus filhos e filhas, padrinhos e madrinhas se dirigem aos bancos a eles reservados e quem preside, omitindo o ato penitencial, convida a todos a entoarem o Hino de Louvor (exceto no tempo da quaresma). Dizendo a oração do dia (coleta), prossegue a missa como de costume até o seu final.

Na oração dos fiéis, podem sem acrescentadas orações em favor das crianças que serão batizadas e de seus pais e padrinhos:

Senhor Deus da vida, protegei estas crianças que hoje foram apresentadas, de todos os males, fazendo-as seguidoras de vosso caminho. Nós vos pedimos:

R. Senhor, escutai a nossa prece ou Ouvi-nos Senhor (ou outra resposta equivalente).

Senhor Deus da vida, abençoai os pais e padrinhos destas crianças, e concedei-lhes a graça de serem verdadeiras testemunhas da fé para seus filhos e afilhados. Nós te pedimos:

R.

O Ritual do Batismo de Crianças, sugere propositadamente que este rito aconteça na porta da igreja, omitindo a saudação inicial e o ato penitencial. Sempre que possível, este deveria ser o local por excelência para realização do rito, pois, indica que os que serão batizados, ainda não pertencem à comunidade, são desconhecidos. Assim como no rito social, acolhemos no portão ou na porta de casa, as pessoas que não conhecemos. Assim, na porta, inicia-se um processo de conhecimento, de acolhimento. A porta principal da igreja, nos recorda ainda de modo especial, Cristo, porta das ovelhas (cf. Jo 10,7). É Cristo, Bom Pastor, que nos chama e convoca, e ao mesmo tempo a Porta, que nos leva até o Pai pelo Batismo.

Sendo assim, os que optarem por esta forma, estando todos reunidos do lado de fora da igreja, ou no seu átrio, após um breve canto, inicia-se o rito como previsto anteriormente, e ao seu final, todos entram em procissão tendo a frente o círio pascal aceso, e a missa prossegue com o hino de louvor ou a oração do dia se estiver no tempo quaresmal ou se o rito acontecer durante os dias da semana.

3º Encontro

Pelo Batismo, somos incorporados à Igreja, Corpo de Cristo

Palavra inicial

Continuando no aprofundamento do significado do Sacramento do Batismo para a fé cristã católica, este encontro, antes da celebração batismal desenvolverá o tema numa perspectiva mais pastoral. Visto que o batismo tem como um dos seus efeitos a incorporação do batizando à Igreja, é necessário que se compreenda as implicações decorrentes desta incorporação.

Para exprimir melhor esta incorporação, também aqui aconselha-se que os encontros aconteçam na igreja onde será realizada a celebração batismal, expressando ainda mais a dimensão comunitária-pastoral da graça batismal.

Preparando o encontro

Ao redor da fonte ou pia batismal, dispor todos os elementos utilizados na celebração: água, óleo dos catecúmenos e do crisma, círio pascal, velas, veste branca, sal, e imagem da Sagrada Família. Caso não seja possível realizar o encontro no interior da igreja, os elementos poderão ser colocados no centro da sala ou em um lugar de destaque, organizados de maneira harmônica. Cartões onde estejam impressas as questões: Qual é o papel dos pais e padrinhos para a criança? O que é necessário para fazer parte do Corpo de Cristo, a Igreja? O que é necessário para batizar?

É suficiente crer e não participar? Ou outras semelhantes elaboradas de acordo com a realidade de cada comunidade. Ainda, cartazes com fotos e dizeres sobre os diversos tipos de serviços e ministérios que existem na paróquia: as pastorais, as comunidades, os movimentos, os ministérios, entre outros.

Acolhida

A medida que os participantes vão chegando, pode-se cantar o refrão meditativo: "*Banhados em Cristo, somos uma nova criatura*".

Oração inicial

O catequista convida a todos a ficarem em pé para a oração inicial. Após traçar o sinal da cruz, e realizar uma oração com breves palavras, poderá invocar o Espírito Santo com a oração "Vinde Espírito Santo..." ou com um canto. Logo após dirige-se à mesa da Palavra e proclama o texto bíblico.

ILUMINADOS PELA PALAVRA DE DEUS E DA IGREJA

Texto bíblico: 1Cor 12,12-26.

Após a leitura do texto bíblico, guardar um instante de silêncio para que sob a luz da Palavra e do Espírito Santo, os ouvintes possam meditar na mente e no coração o texto proclamado.

Como numa *lectio divina*, o catequista motiva os pais e padrinhos para que façam uma partilha da Palavra, dizendo uma frase ou uma palavra que chamou a atenção, ou ainda, alguma mensagem que possa ter-lhes tocado a partir do texto bíblico.

Após ouvir a partilha da Palavra, o catequista poderá dividir os pais e padrinhos em pequenos grupos, e motivará para que reflitam e respondam as questões que poderá ser entregue em cartões impressos.

- Qual é o papel dos pais e padrinhos para a criança?
- O que é necessário para fazer parte do Corpo de Cristo, a Igreja?
- O que é necessário para batizar?
- É suficiente crer e não participar?

Transcorrido o tempo estipulado para a conversa e reflexão, o catequista solicita que retornem aos seus lugares e incentiva-os a partilhar o que conversaram sobre cada questão.

Após ouvir a resposta de todas as questões, o catequista faz uma pequena reflexão acerca do texto bíblico meditado:

- Fazer a ANALOGIA do corpo humano com a Igreja, comunidade dos batizados, que, por sua vez, é a manifestação do corpo místico de Cristo.
- Evidenciar aos participantes a PLURALIDADE dos membros que compõem um corpo, distinguindo uns dos outros. Aplicando à Igreja, mostrar os diversos dons e carismas que o Espírito concede aos membros da Igreja, bem como, os diversos estados de vida na Igreja: os ministros ordenados (bispos, padres e diáconos), os consagrados (religiosos e religiosas), os féis leigos com seus diversos carismas e ministérios e sua inserção no mundo.
- Mostrar a necessidade da UNIDADE ou COMUNHÃO entres os diversos membros do corpo, de modo que:
  » O corpo só será tal se de fato houver a integração de TODOS os membros que o compõem. Caso contrário não seria um corpo mas apenas membros isolados e sem identidade corporal.
  » A PERFEIÇÃO de cada membro pressupões sua unidade com os outros membros, cuja integração é necessária para que qualquer membro possa agir dentro do corpo. Por analogia, a mão pega aquilo que o braço alcança e as pernas conduzem, graças aos olhos que veem aquilo que o coração deseja.

Catequese Batismal

Em seguida, o catequista apresenta uma Catequese Batismal sobre os seguintes pontos que tocam na dimensão pastoral do sacramento:

1° O Batismo como incorporação à Igreja

Através do batismo somos incorporados à Igreja (cf. Ef 4,25). A Igreja é a manifestação mística do Corpo de Cristo ressuscitado. Ela prolonga no tempo as ações de Cristo, tornando-O presente e atuante na história. Entretanto, esta Igreja é constituída por pedras vivas, que são seus membros incorporados nela pelo batismo. Porque somos filhos de Deus em seu Filho único, Jesus Cristo, é que formamos a Igreja, corpo de Cristo (cf. 1Cor 12,13). Como pedras vivas deste edifício espiritual que é a Igreja, participamos do sacerdócio de Cristo, quando nós evangelizamos e somos evangelizados, servimos e somos servidos, rezamos e somos santificados (cf. 1Pd 2,9). Segundo o *Catecismo da Igreja Católica*, n. 1269, dentro da Igreja, cada batizado tem por direito:

- receber os sacramentos;
- ser alimentado com a Palavra de Deus;
- e de ser sustentado pelos outros auxílios espirituais da Igreja.

Apresentar por meio de algum recurso visual (foto, cartaz, vídeo, etc.) alguns batistérios de algumas Igrejas e que são separados do corpo da igreja, isto é, que estão do lado externo à construção da igreja. Por exemplo, o batistério da Catedral-Basílica de São João do Latrão, em Roma-Itália; o Batistério da Catedral *Santa Maria del Fiori,* em Florença-Itália; a Catedral de *Santa Maria Assunta,* em Pisa-Itália, etc. Partindo da imagem de um destes batistérios, expor aos participantes:

- O significado do local como "nova criação" ou "novo nascimento", fazendo analogia do batistério ao útero materno: neste ventre da mãe Igreja são gestados na fé os novos filhos de Deus.
- Fazer uma ligação do batistério com a igreja, isto é, do edifício externo do batistério com o edifício frontal ou lateral da igreja. Demonstrar que o batismo tem como consequência incorporar o batizado na comunidade eclesial, os que acabaram de nascer na fé da mesma Igreja. É inserido no corpo eclesial da comunidade cristã que o batizado encontrará as condições para viver a nova condição de filho de Deus.

Isso posto, a dinâmica será concluída com uma leitura da doutrina cristã do batismo que encontra-se inscrita no arquitrave que ladeia todo o Batistério de São João do Latrão, em Roma-Itália, atribuída ao Papa São Sisto III (432-440):

>Aqui nasce um povo de nobre estirpe destinado ao Céu,
>que o Espírito gera nas águas fecundadas.
>*A Mãe Igreja dá à luz na água,*
>*com um parto virginal*
>*os que concebeu por obra do Espírito divino.*
>Esperai o reino dos céus,
>os renascidos nesta fonte:
>a vida feliz não acolhe os nascidos uma só vez.
>Aqui está a fonte da vida,
>que lava toda a terra,
>que tem o seu princípio nas chagas de Cristo.
>Submerge-te, pecador,
>nesta corrente sagrada e purificadora, cujas ondas,
>a quem recebem envelhecido, devolverão renovado.
>Se queres ser inocente,
>lava-te nestas águas,
>tanto se te oprime o pecado herdado como o próprio.
>*Nada separa os que já renasceram,*
>*feitos um por uma só fonte batismal, um só Espírito, uma só fé.*
>A nenhum aterrorize o número ou a gravidade dos seus pecados:
>o que nasceu desta água viva será santo.

2º O Batismo como sacramento da fé e da unidade

Desde o início da Igreja, o batismo está ligado à fé (cf. At 2,32; 16,3133). Ele requer esta adesão na fé de quem o pede. Entretanto, a profissão da fé é um ato que só é possível dentro da comunidade que crê e vive da mesma verdade professada. "Cada um dos fiéis só pode crer dentro da fé da Igreja" (CIgC, n. 1253). É por isso que o batizado não amadurece na fé sozinho: recebe o auxílio de seus pais, padrinhos, catequistas e de toda a comunidade em que está inserido como membro do mesmo corpo. Neste único corpo eclesial, todos professam as mesmas verdades que fundamentam a própria unidade. Estas verdades estão contidas no *Credo* ou *Profissão de fé*, também conhecidos como *Símbolo Apostólico* ou *Símbolo Niceno-constantinapolitano*. Nestas fórmulas doutrinais que contém as verdades que fundamentam a nossa fé está, também, significada a unidade de toda a Igreja. Bem como a Palavra revelada, isto é, a Sagrada Escritura, a tradição da Igreja, os sacramentos, entre outros. Deste modo, o batismo, enquanto sacramento da fé e da unidade, é a porta que abre para os demais sacramentos e toda a vivência cristã.

Após a catequese do "batismo como sacramento da fé e da unidade", fazer uma espécie de recordação da vida, apresentando as diversas comunidades que fazem parte da mesma paróquia e, em seguida, das paróquias que compõem a Diocese. Pode-se fazer a apresentação visual de um mapa da paróquia com suas comunidades e outro da diocese com suas paróquias.

3º A vivência do Batismo

Uma vez que pelo batismo somos regenerados em Cristo e nele incorporados à sua Igreja, que é seu corpo, temos o dever fazer com que esta graça produza frutos que nos santifiquem. Incorporados à Igreja, temos o dever na fé de alimentar este corpo eclesial por meio dos dons e ministérios que por graça recebemos no próprio batismo e que exigem do batizado a atitude do serviço (cf. Cl 3,23-24; Lc 22,24-30). No capítulo sobre os leigos do documento conciliar sobre a Igreja, nominado de *Lumen Gentiun,* Cristo a *Luz dos Povos,* é expressa a cooperação de todos os fiéis batizados na missão da Igreja, por meio dos serviços e carismas:

> Os sagrados pastores reconhecem perfeitamente quanto os leigos contribuem para o bem de toda a Igreja. Sabem que os pastores não foram instituídos por Cristo para assumirem sozinhos toda a missão da Igreja quanto à salvação do mundo, mas que o seu excelso múnus é apascentar os fiéis e reconhecer-lhes os seus serviços e os carismas, de tal maneira que todos, a seu modo próprio, cooperem unanimemente na tarefa comum. É, pois, necessário que todos, "seguindo a verdade em amor, cresçamos em tudo em direção àquele que é a cabeça, Cristo, cujo corpo, em sua inteireza, bem ajustado e unido por meio de toda junta e ligadura, com a operação harmoniosa de cada uma de suas partes, realiza o seu crescimento para a sua própria edificação no amor (Ef. 4, 15-16)". (LG 30)

DINÂMICA: Por meio de cartazes, apresentar os diversos tipos de serviços e ministérios que existem na paróquia: as pastorais, os movimentos, os ministérios, entre outros. A apresentação pode ser acompanhada de uma breve explicação que defina cada tipo de atividade apresentada. No final, colocam-se os cartazes ao redor da Pia batismal ou do símbolo da água, significando os frutos que o batismo tem produzido na comunidade por meio destes serviços e ministérios.

Oração final

O catequista convida todos para o silêncio e a escuta da Palavra de Deus. Em seguida, o leitor proclama o texto.

Texto bíblico: 1Cor 12,4-11.

Terminada a leitura, faz-se uns instantes de silêncio para meditar a Palavra proclamada. Depois o catequista motiva os participantes a partilhar espontaneamente, numa única palavra ou frase, algum tipo de serviço ou ministério que sentem-se chamados a exercer dentro da comunidade. Encerra-se este momento proclamando um segundo texto da mesma Carta aos Coríntios.

Texto bíblico: 1Cor 12,27-31.

Feito um instante de silêncio, o catequista da Pastoral do Batismo convida a todos a rezar o Pai-nosso e logo depois de braços abertos conclui com a oração:

Deus Pai de bondade, fazei que estes pais e padrinhos, possam ser verdadeiros exemplos de sua Palavra aos seus filhos e afilhados. Que eles sejam um suporte no amadurecimento cristão daqueles que lhes foram confiados. Que tenham êxito na sua missão de introduzir as crianças na fé cristã através do testemunho, diálogo e vivência comunitária. Tudo isso te pedimos por Cristo nosso Senhor. Amém!

No final da oração, o catequista conclui, convidando todos a professarem sua fé, segundo o *Símbolo Niceno-constantinopolitano*:

Creio em um só Deus, Pai Todo-Poderoso,
criador do céu e da terra,
de todas as coisas visíveis e invisíveis.
Creio em um só Senhor, Jesus Cristo, Filho Unigênito de Deus,
nascido do Pai antes de todos os séculos: Deus de Deus, luz da luz,
Deus verdadeiro de Deus verdadeiro,
gerado, não criado, consubstancial ao Pai.
Por ele todas as coisas foram feitas.
E por nós, homens, e para nossa salvação, desceu dos céus:
e se encarnou pelo Espírito Santo,
no seio da Virgem Maria, e se fez homem.
Também por nós foi crucificado sob Pôncio Pilatos;
padeceu e foi sepultado.

Ressuscitou ao terceiro dia, conforme as Escrituras,
e subiu aos céus, onde está sentado à direita do Pai.
E de novo há de vir, em sua glória, para julgar os vivos e os mortos;
e o seu reino não terá fim.
Creio no Espírito Santo, Senhor que dá a vida,
e procede do Pai e do Filho;
e com o Pai e o Filho é adorado e glorificado:
ele que falou pelos profetas.
Creio na Igreja, una, santa, católica e apostólica.
Professo um só batismo para remissão dos pecados.
E espero a ressurreição dos mortos
e a vida do mundo que há de vir. Amém!

O catequista conclui rezando o *"glória ao Pai, ao Filho e aos Espírito Santo..."*, e em seguida pede sobre todos a benção, dizendo: *"Que Deus, todo poderoso, nos abençoe e nos livre de todo mal. Em nome do Pai e do Filho e do Espírito Santo. Amém!"*

Após o encontro pode-se realizar uma pequena partilha de alguns quitutes, numa pequena confraternização de encerramento.

Material de apoio

Todo o conteúdo deste encontro está fundamentado no *Catecismo da Igreja Católica*, no artigo sobre o Batismo, nn. 1213-1284. O *Catecismo* é a fonte universal, válido para todas as dioceses e suas paróquias. Outros materiais de catequese elaborados pela própria Igreja local poderão ser utilizados para a preparação do encontro.

> **OBSERVAÇÃO**
>
> Orientar os pais e padrinhos da data, hora e local da celebração do batismo, e de trazerem a veste branca para que seja entregue a criança após o batismo e uma toalha grande para deixar a criança enrolada após a unção e enxugá-la após o batismo, caso o rito seja realizado por imersão ou derramando a água sobre todo o corpo da criança.

Terceira Etapa

O Sacramento do Batismo

Então Jesus se aproximou e lhes disse: "Toda a autoridade me foi dada no céu e na terra. Ide, pois, fazei discípulos meus todos os povos, batizando-os em nome do Pai e do Filho e do Espírito Santo, ensinando-os a observar tudo quanto vos mandei. Eis que eu estou convosco, todos os dias, até o fim do mundo". (Mt 28,18-20)

Rito para o batismo de várias crianças

CELEBRAÇÃO SEM MISSA

Palavra inicial: o ponto alto da iniciação cristã é a celebração do batismo. Para isso, deve ser bem preparado e realizado de tal maneira, que os ritos comuniquem o que significam. Neste sentido propomos sugestões que valorizam a comunicação simbólico-ritual deste sacramento. Para isso, é imprescindível a presença de uma equipe de liturgia, com leitores bem preparados, equipe de canto e acólitos.

Preparando o ambiente: fonte ou pia batismal com água morna, círio pascal, óleo dos catecúmenos e enfermos em abundância, vestes brancas e toalha para os que não trouxerem, velas para todos os batizandos e sachês de sal. Bancos poderão ser reservados para os que participarão do rito. Lista com os nomes dos pais ou responsáveis, padrinhos e crianças que serão batizadas.

Os pais e padrinhos, juntamente com as crianças que serão batizadas, já poderão estar acomodados nos bancos reservados. Uma etiqueta com o nome de cada criança poderá estar colada no banco, facilitando a identificação durante os ritos.

Procissão inicial: um membro da comunidade acolhe a todos e os convidam a entoar o canto de abertura da celebração. Quem preside, após saudar a assembleia e realizar uma breve monição, omitindo os ritos de acolhida já realizados, convida a todos à oração (RBC, n. 46, opção 2).

Pr. Oremos

Ó Pai, que pelo batismo nos tornais participantes de vossa família, dai-nos receber de coração sincero vossa Palavra e vivê-la com alegria.
Por Cristo, nosso Senhor.
Todos: Amém!

Após a oração, todos se sentam para a liturgia da Palavra e a celebração prossegue como indicado nos nn. 47 a 97 do Ritual do Batismo de Crianças. A seguir, faremos algumas indicações para uma melhor vivência da celebração.

Sugestões para o desenvolvimento do Rito

Escolher com antecedência os textos bíblicos (cf. Cap. VII do RBC. nn. 340-389). Ao menos uma leitura do AT ou NT, um salmo, canto de aclamação e Evangelho.

Os textos devem ser proclamados por leitores bem preparados.

Para a **unção pré-batismal**, é importante que a unção seja abundante, observando o que é dito no RBC n. 56: "A visibilidade do sinal exige a utilização de boa quantidade de óleo na unção. Todavia, o que é abençoado na Missa do Crisma nem sempre é suficiente e, devido às condições climáticas, com facilidade se deteriora. Por isso, por motivo pastoral, o óleo dos catecúmenos pode ser abençoado pelo sacerdote na celebração do batismo". Assim, é importante que a unção seja verdadeira, significativa, que os pais e padrinhos das crianças sintam através do rito e do símbolo da unção, a força de Cristo penetrando em seus filhos e afilhados.

Para isso, as mães deverão ser orientadas previamente, para que na hora do rito, preparem as crianças para a unção, tirando-lhes toda a roupinha e deixando-as enroladas em uma toalha. Essa ação já é também uma preparação para o batismo, no qual, quem preside mergulhará a criança na água ou irá derramar a água por todo o seu corpo.

Quem preside, após dizer a oração, passa derramando o óleo no peito das crianças e as ungindo de maneira abundante e expressiva.

A água a ser abençoada, seja da mesma forma abundante, sobretudo se não existir uma fonte que jorre água. Na inexistência de um batistério que favoreça o batismo por imersão, o mais indicado é proceder a segunda forma de se batizar: "Derramando a água sobre a cabeça da criança e deixando-a escorrer por todo o corpo" (RBC, n. 73). Neste caso, o pai ou a mãe, ou ainda o padrinho ou madrinha, seguram em pé as crianças sobre a pia batismal enquanto quem preside derrama a água dizendo a fórmula do batismo.

Por uma questão de sensibilidade pastoral, a água para a imersão, ou que será derramada sobre a criança, poderá estar morna.

Depois de mergulhar ou de ter derramado água em abundância sobre a criança, os pais enxugam a criança e mantendo-a enrolada na toalha aguardam o rito de entrega da veste branca.

Nos ritos complementares, sugerimos primeiramente fazer a entrega da veste branca e só depois a unção pós-batismal, para que a roupa não fique manchada pelo óleo do Crisma, que da mesma forma, deverá ser derramado em abundância sobre a cabeça dos neófitos;

Após a entrega da veste branca e a unção pós-batismal, sejam feitos os ritos complementares opcionais: Entrega do sal e do Éfeta e só depois a entrega da luz, pois como sugerido no n. 89 do RCB, todos podem se colocarem ao redor do Altar, com as velas dos neófitos acesas para a oração do Senhor.

Para a entrega do sal, a equipe da Pastoral do Batismo pode providenciar sachês de sal, no qual, após as mães colocarem um pouco do sal na boca das crianças, poderão levar o restante para casa, tornando o rito mais prático e higiénico.

Seria significativo, se a comunidade entregasse algum distintivo próprio, como sinal de pertença como indicado no n. 88 do RBC. Talvez uma medalhinha ou pequena imagem do padroeiro da comunidade eclesial.

Como pode ser visto, fazendo algumas adequações simples aos ritos e resgatando a veracidade dos mesmos, não utilizando a lógica do mínimo necessário, mas sim da busca da unidade entre gesto externo e sentido teológico-litúrgico, as indicações pastorais que fizemos, buscam fazer com que toda a assembleia mergulhe no mistério celebrado. Pois quando a pessoa não tem oportunidade de bem celebrar, de viver realmente um determinado rito, não adianta explicações teóricas sobre a sua teologia ou significado.

Importante: Recordar aos pais e padrinhos a data e horário do encontro pós batismo.

Encontro pós-batismo

Sal da terra e luz do mundo

Palavra inicial

Neste encontro após a celebração do batismo, queremos refletir com os pais e padrinhos, a experiência que fizeram a partir dos ritos e símbolos da celebração sacramental, bem como, orientá-los na educação cristã dos neófitos.

Preparando o encontro

Na sala de encontro, ambão para proclamação do texto bíblico, círio pascal ao lado e flores. No centro da sala, um pote com sal e uma vela. Cartões de papel e canetas para todos os participantes e saquinhos de sal bento para levarem como sinal do compromisso assumido.

Acolhida

A medida que os participantes vão chegando, pode-se cantar o refrão meditativo.

Oração inicial

O catequista da Pastoral do Batismo convida a todos a ficarem em pé para a oração inicial. Após traçar o sinal da cruz, e realizar uma oração com breves palavras, poderá invocar o Espírito Santo com a oração "Vinde Espírito Santo..." ou com um canto. Logo após convidando a todos a aclamarem o Evangelho com o canto, dirige-se à mesa da Palavra e proclama o texto bíblico.

ILUMINADOS PELA PALAVRA DE DEUS E DA IGREJA

Texto bíblico: Mt 5,13-16.

Depois de um momento de silêncio o catequista lê o texto novamente bem devagar para que todos possam guardar na mente e no coração a Palavra proclamada.

ILUMINADOS PELA PARTILHA DA PALAVRA

Iniciando um diálogo o catequista poderá perguntar aos pais e padrinhos como foi a experiência de participar da celebração batismal, o que sentiram, como vivenciaram cada rito... Depois de ouvi-los, poderá recordar o Evangelho proclamado e dizer que Jesus utiliza o sal e a luz como símbolo da missão assumida pelos que Nele foram batizados.

Agora, além de testemunharem o discipulado como cristãos batizados, sendo sal e luz para o mundo, os pais e padrinhos tem a missão de ajudar o filho e afilhado a crescer e se tornar também discípulo missionário de Jesus Cristo, assumindo os deveres e compromissos do batismo. Pois, se o batismo não for vivido e assumido, perderá sua função, e se esvaziará. O batismo, como um dos sacramentos de iniciação, é a porta, o alicerce para que se entre no mistério de Deus, e que se edifique nossa vida alicerçada na rocha, que é Cristo.

O catequista questiona os presentes se realmente estão dispostos a ensinar seus filhos e afilhados a serem sal e luz para a humanidade, que vive o vazio do consumismo, do status, da ganância e do poder. Se estão dispostos a dar um novo sabor e a iluminar as inúmeras realidades de escuridão e trevas presentes em nossa sociedade. O sabor do sal e a luz da lâmpada equivalem às nossas boas obras, quando testemunhamos os valores evangélicos, quando não somos omissos ou coniventes com a injustiça, desigualdade, corrupção, exploração, violência, intolerância, discriminação...

Diante disso, conscientes de que, como cristãos, somos chamados a ser sal e luz do mundo, somos convidados a escrever o nosso compromisso de batizados, de pais e padrinhos e depositar aos pés de Jesus. O catequista poderá distribuir os cartões, e orientar os pais e padrinhos para que refletindo o Evangelho de hoje, bem como toda caminhada em preparação ao batismo dos filhos e afilhados, escrevam nos cartões seu compromisso de iniciar na fé cristã os que a Igreja lhes confiou. O compromisso poderá também ser transcrito no diário, para que os pais sempre recordem o compromisso assumido.

Distribuir os cartões e canetas e enquanto escrevem, pode ser entoado um canto sobre compromisso e missão. Depois de um tempo, convide a todos a depositarem aos pés da cruz, o seu compromisso, enquanto se conduz um momento de oração e cantos. A medida que depositam aos pés da cruz o cartão, e fazem um breve momento de oração são entregues os saquinhos de sal abençoados para cada família, para que se recordem do compromisso assumido.

O catequista orienta a importância de celebrar anualmente o aniversário de batismo com festa e alegria e, que na medida do possível, a paróquia irá sempre realizar uma atividade por ano, para recordar esse importante momento, como consta no livro de catequese batismal.

Oração final

Convidar a todos a rezar o Pai-nosso e logo depois de braços abertos conclui com a oração:

Deus Pai de bondade, fazei que estes pais e padrinhos, possam ser verdadeiros exemplos de sua Palavra aos seus filhos e afilhados. Que eles sejam um suporte no amadurecimento cristão daqueles que lhes foram confiados. Que tenham êxito na sua missão de introduzir as crianças na fé cristã, sendo sal e luz para o mundo, através do testemunho, diálogo e vivência comunitária. Tudo isso te pedimos por Cristo nosso Senhor. Amém!

No final da oração, o catequista impõe as mãos sobre a cabeça de cada pai e padrinho e traçando o sinal da cruz em suas frontes, diz: *"Sede sal da terra e luz do mundo ...N..., vai em Paz, que o Senhor te acompanhe!"*

Após o encontro pode ser servido um "café" favorecendo a interação entre os participantes e as equipes da catequese batismal.

Quarta Etapa

Recordar e Viver o Batismo recebido – Acompanhamento Pastoral

O batismo é o sacramento da fé. Mas a fé tem necessidade da comunidade dos crentes. Cada um dos fiéis só pode crer dentro da fé da Igreja. [...] Em todos os batizados [...] a fé deve crescer após o Batismo.

Para que a graça batismal possa desenvolver-se, é importante a ajuda dos pais. Este é também o papel do padrinho ou da madrinha, que devem ser cristãos firmes, capazes e prontos a ajudar o novo batizado [...] em sua caminhada na vida cristã. (CIgC, n. 1253-1255)

Geralmente existe uma lacuna entre a celebração do batismo de crianças e o início da catequese de iniciação aos sacramentos da Eucaristia e da Crisma, que completarão o ciclo da iniciação cristã, fazendo dos catequizandos discípulos missionários de Jesus Cristo.

Para suprir esse longo intervalo e ausência da comunidade eclesial na vida dos recém batizados e de sua família até o início da catequese, sugerimos um acompanhamento pastoral que poderá ser feito por meio de cartas, visitas e encontros, realizados de modo especial no mês de aniversário da celebração do batismo.

Tendo em vista uma mudança na prática pastoral e a realidade de cada paróquia e comunidade sugerimos algumas ações que podem ser implementadas de maneira gradativa e em conjunto com as diversas pastorais, movimentos e comunidades de base.

No subsídio dos pais e padrinhos

No livro preparado para os pais e padrinhos, encontram-se sete encontros, com temáticas diversas, a serem realizados anualmente na data ou mês em que se comemora o aniversário do batismo. Os encontros são celebrações que ajudam as famílias a fazerem memória deste importante dia e de valorizarem o sacramento recebido.

Além da celebração, as famílias encontrarão algumas atividades a serem realizadas no decorrer do ano que os auxiliarão na educação cristã dos filhos, ajudando-os a serem os seus primeiros catequistas. Ainda, sugestão de livros e textos para estudo e aprofundamento pessoal e espaço para o registro fotográfico, criando assim um acervo histórico dos primeiros anos de vida cristã da criança.

Sugestões Pastorais

Cartas e Cartões

A maneira mais simples e prática de ajudar as famílias a recordarem o batismo, é enviar anualmente no mês de aniversário da celebração batismal, uma carta ou um pequeno cartão recordando esta importante data e os convidando a se reunirem para realizar a celebração contida no subsídio da família que receberam durante a preparação para o batismo dos filhos.

Para esta ação, basta uma organização da Pastoral do Batismo e da secretaria paroquial, que pode ser realizado da seguinte forma:

- Na secretaria paroquial tenha um caderno ou um arquivo no computador, dividido pelos doze meses do ano, em que ali se registre mensalmente os batizados realizados naquele ano. É importante registrar o nome da criança e dos pais, o endereço completo e o telefone. Assim, no início de cada mês a Pastoral do Batismo se organiza para enviar aos batizados daquele mês a carta ou cartão impressos e/ou digital de acordo com os anos em que estarão celebrando o batismo: 1º ano, 2º ano... Assim, as famílias e os padrinhos durante os sete primeiros anos, ou até a entrada da criança na catequese, receberá a correspondência da paróquia em que foi batizada, recordando a data do batismo e convidando-os a se reunirem para tornar célebre este momento na vida dos filhos e afilhados. Uma atitude simples, e que recordará a importância do batismo e da comunidade eclesial em que foram inseridos. Nos anexos sugerimos alguns modelos de cartões a serem impressos e enviados.

Encontros e celebrações

A medida que a comunidade for se organizando, ela poderá propor ainda de tempos em tempos, encontros e celebrações e convidar através das cartas, visitas e contatos telefônicos as famílias que batizaram os filhos na paróquia ou comunidade a participarem. Os encontros ou celebrações poderão ser realizados na paróquia, mensalmente, sendo convidado todos os aniversariantes de batismo daquele mês a participarem. Ali a Pastoral do Batismo unida a outros grupos, poderá preparar uma celebração da palavra, *lectio divina*, uma catequese... e refletir algum tema que ajude os pais a recordarem o compromisso batismal, a conhecerem e se aprofundarem mais na fé professada pela Igreja, para que possam cumprir bem o papel de primeiros catequistas. Um momento acolhedor, místico e fraterno será sem dúvida uma oportunidade de inserir as famílias na comunidade eclesial e de a Igreja se fazer presente na vida destas famílias.

Visitas às famílias

Ainda é possível, através de uma pastoral de conjunto, com as comunidades de base, setor família e demais pastorais, realizar pelo menos uma vez ao ano, uma visita às famílias que batizaram seus filhos na paróquia. Aproveitando a mesma organização realizada para o envio das cartas e cartões, um contato prévio poderá ser feito pelos visitadores agendando a data para que a visita aconteça. Na ocasião, ao menos dois membros da paróquia poderão visitar as famílias, rezando com eles e fazendo a bênção anual das casas. Na visita uma insígnia e pequena lembrança poderá ser entregue às famílias como sinal da presença de Cristo e da sua Igreja em suas vidas. A seguir anotamos algumas sugestões de insígnias ou lembrancinhas que poderão ser entregues às famílias, algumas poderão ser enviadas junto as cartas, caso as visitas não aconteçam.

Sugestões de insígnias ou lembrancinhas

1º Ano – Cartão com a oração do Anjo da Guarda, Medalhão/Pingente com Anjo da Guarda para pôr no berço.

2º Ano – Garrafinha com água benta e oração de bênção da casa.

3º Ano – Texto do Credo, podendo ser impresso; num azulejo, quadro.

4º Ano – Texto do Pai-nosso, podendo ser impresso; num azulejo, papel que permita colocar em um quadro.

5º Ano – Medalha do santo padroeiro da comunidade/Paróquia.

6º Ano – Pequena imagem ou medalha de Nossa Senhora. Terço com explicação/livrinho com os mistérios.

7º Ano – Uma vela ou pequeno Círio da Família para que os pais possam acender quando estiverem rezando.

Anexos

Sugestão de cartão para a celebração de 1 ano do batismo

Estimados pais, do(a) pequeno(a) ....N..., saudações fraternas.

Por meio deste cartão queremos nos unir a vocês pelo aniversário de um ano de Batismo de vosso(a) filho(a). Como comunidade de Fé, rendemos graças a Deus por este importante acontecimento que ungiu e consagrou o(a) ...N... tornando-o(a) filho(a) de Deus e membro da família eclesial.

Recordamos que no diário utilizado para a preparação do Sacramento do Batismo encontra-se o roteiro de uma celebração que poderá ser realizada reunindo toda a família.

Que o Espírito Santo de Deus os ilumine na missão de iniciar na fé. Nossa saudação fraterna,

Comunidade Paroquial ...nome da paróquia...

...Cidade..., ...Mês... de 20....

Sugestão de cartão para a celebração de 2 anos do batismo

"Tu és o meu filho amado, de ti eu me agrado" (Lc 3,22)

Rendendo graças ao Senhor, recordamos o feliz dia em que ...N..., renasceu pela água do Santo Batismo. Que a Sagrada Família, Jesus, Maria e José os abençoe e os fortaleça no testemunho e missão.

Que estes dois anos da celebração batismal possa ser celebrado com alegria e fé, com o auxílio do roteiro disponível no subsídio que receberam durante a preparação do Batismo.

Que o bom Deus os abençoe sempre,

Comunidade Paroquial ...nome da paróquia...

Cidade..., ...Mês... de 20....

Sugestão de cartão para a celebração de 3 anos do batismo

Caros pais, a PAZ!

Com alegria recordamos os três anos em que o Senhor Deus fez o(a) ...N... renascer pela água e pelo Espírito Santo e o(a) ungiu com o óleo da Salvação, e o(a) constituindo parte de seu povo, como membro do corpo de Cristo.

Que esta importante data seja recordada através da celebração que consta no livro que receberam durante a preparação para o Batismo.

Nossa saudação fraterna,

Comunidade Paroquial ...nome da paróquia...
...Cidade..., ...Mês... de 20....

Sugestão de cartão para a celebração de 4 anos do batismo

"Um dia, em certo lugar, Jesus rezava. Quando terminou, um de seus discípulos pediu-lhe: 'Senhor, ensina-nos a orar, como João ensinou seus discípulos" (Lc 11,1)

Na celebração do quarto aniversário de Batismo do(a) ...N..., nos unimos a vós jubilosos por tão importante data. Que neste tempo de graça, possamos, assim como Jesus o fez, ensinar nosso(a) filho(a) a rezar. Que nossa oração possa ser o reflexo de um coração agradecido.

Os lembramos do roteiro celebrativo presente no subsídio que receberam durante a preparação para o Sacramento do Batismo. Rezem em família!

Que o Pai do céu os abençoe,

Comunidade Paroquial ...nome da paróquia...
...Cidade..., ...Mês... de 20....

Sugestão de cartão para a celebração de 5 anos do batismo

"Instrua a criança no caminho a seguir e até a velhice ela não se desviará" (Pr 22,6).

Elevamos graças a Deus por mais um aniversário de Batismo do(a) ...N... Que neste quinto ano marcado pelos tantos porquês que emanam no coração do(a) batizado(a), sejam respondidos com a luz da fé e o testemunho de seus pais, padrinhos e de toda a comunidade.

Que Deus Pai vos abençoe e que este quinto aniversário de vida cristã seja selado pela alegria dos que nasceram em Deus, através da celebração anexa no subsídio de preparação do Batismo.

Comunidade Paroquial ...nome da paróquia...

...Cidade..., ...Mês... de 20....

Sugestão de cartão para a celebração de 6 anos do batismo

"Meu filho, escute a disciplina de seu pai, e não despreze o ensinamento de sua mãe, porque serão para você uma coroa formosa na cabeça e um colar no pescoço" (Pr 1,8-9).

Hoje a Mãe Igreja se alegra pelo sexto aniversário de Batismo do(a) ...N... . juntamente com seus pais e padrinhos desejamos que N..... persevere na obediência da fé e colha, constantemente, os frutos desta caminhada cristã.

Com a bênção de Deus e os votos de um feliz e santificado aniversário de batismo, desejemos que esta data seja celebrada intensamente com a realização do encontro prescrito no diário utilizado para a preparação do Sacramento do Batismo.

Comunidade Paroquial ...nome da paróquia...

...Cidade..., ...Mês... de 20....

Sugestão de cartão para a celebração de 7 anos do batismo

"Os vivos, somente os vivos, te louvam, como hoje estou fazendo; os pais ensinam a seus filhos a tua fidelidade" (Is 38,19).

N..., neste sétimo aniversário de Batismo, participamos da tua alegria e maturidade na fé. Rendemos graças ao bom Deus pelo dom da tua vida cristã, iluminada pela fé e com o auxílio de teus pais, padrinhos e toda a comunidade. Que de agora em diante, o teu batismo seja significado pela catequese eucarística, tornando-te mais íntima a Cristo e à sua comunidade.

Que a alegria desta data seja renovada todos os anos. Com a bênção de Deus, esperamos que tudo isso seja fortemente celebrado por meio do roteiro disponível no subsídio de preparação do Batismo.

Comunidade Paroquial ...nome da paróquia...

...Cidade..., ...Mês... de 20....

FLUXOGRAMA – O CAMINHO
Subsídio para Iniciação ao Sacramento do Batismo
Para pais e padrinhos

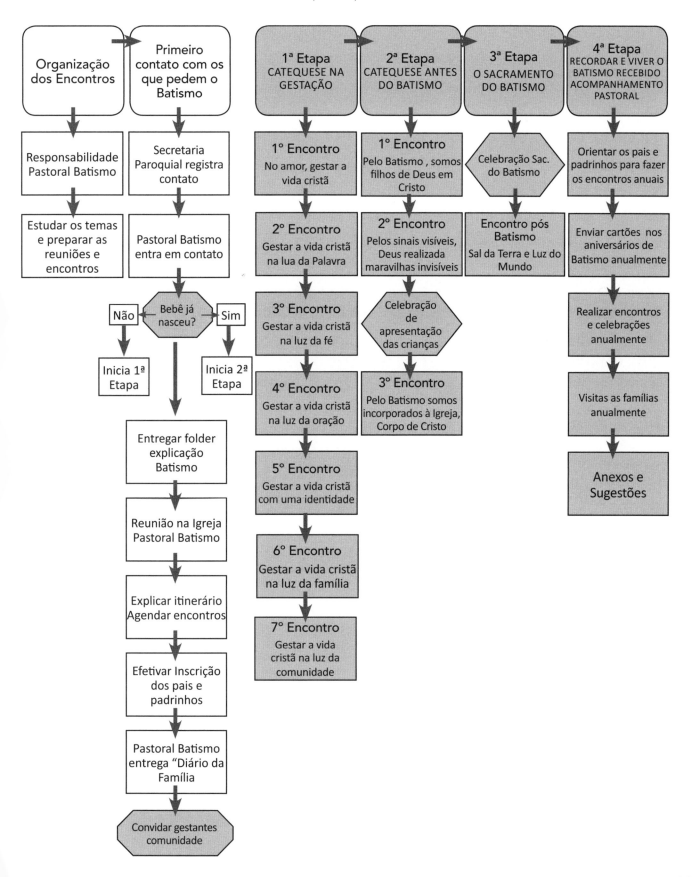

REFERÊNCIAS

BENTO XVI. *Carta Apostólica Sob Forma de Motu Próprio Porta Fidei*. Com a qual se proclama o ano da fé. São Paulo: Paulinas, 2011.

CNBB. *Diretório Nacional de Catequese*. Paulinas: São Paulo, 2006.

_____. *Guia Ecumênico da CNBB*. Estudos da CNBB 21. São Paulo: Paulus, 1979.

CATECISMO DA IGREJA CATÓLICA. São Paulo: Vozes/Loyola, 1993.

CELAM. *Documento de Aparecida*. Texto conclusivo da V Conferência do Episcopado Latino-Americano e do Caribe. São Paulo: Paulus/Paulinas/Edições CNBB, 2007.

_____. *Manual de Liturgia*. Os sacramentos: sinais do mistério pascal. v. III. 2. ed. São Paulo: Paulus, 2011.

CIRILO DE JERUSALÉM. *Catequeses Mistagógicas*. Petrópolis: Vozes, 2004.

CÓDIGO DE DIREITO CANÔNICO (*Codex Iuris Canonici*), promulgado por João Paulo II. São Paulo: Loyola, 1994.

CONCÍLIO ECUMÊNICO VATICANO II. Constituição Conciliar "*Sacrosanctum Concilium*" sobre a sagrada liturgia. In: *Documentos do Concílio Ecumênico Vaticano II (1962-1965)*. 3ª edição. São Paulo: Paulus, 2014.

_____. Constituição Dogmática *Lumen Gentium* sobre a Igreja. In: *Documentos do Concílio Ecumênico Vaticano II (1962-1965)*. 3ª edição. São Paulo: Paulus, 2014.

_____. Constituição Pastoral *Gaudium Et Spes* sobre a Igreja no mundo de hoje. In: *Documentos do Concílio Ecumênico Vaticano II (1962-1965)*. 3ª edição. São Paulo: Paulus, 2014.

_____. Constituição Dogmática *Dei Verbum* sobre a revelação divina. In: *Documentos do Concílio Ecumênico Vaticano II (1962-1965)*. 3ª edição. São Paulo: Paulus, 2014.

FRANCISCO. Exortação Apostólica Pós-Sinodal *Amoris laetitia*. Sobre o amor na família. Brasília: Edições CNBB, 2016.

_____. Exortação Apostólica *Gaudete et Exsultate*. Sobre a chamada à santidade no mundo atual. Brasília: Edições CNBB, 2018.

MISSAL ROMANO. Tradução portuguesa da 2ª edição típica para o Brasil realizada e publicada pela Conferência Nacional dos Bispos do Brasil com acréscimos aprovados pela Sé Apostólica. Petrópolis: Paulinas/ Vozes, 1992.

PARO, Thiago Faccini. *Conhecer a FÉ que professamos*. Petrópolis: Vozes, 2017.

_____. *As celebrações do RICA*. Conhecer para bem celebrar. Petrópolis: Vozes, 2017.

PONTIFICAL ROMANO. São Paulo: Paulus, 2000.

RITUAL DO BATISMO DE CRIANÇAS. São Paulo: Paulus, 1999.

RITUAL DE BÊNÇÃOS. 9ª edição. São Paulo: Paulus, 2013.

TABORDA, Francisco. *Nas fontes da vida cristã*. Uma teologia do batismo-crisma. São Paulo: Loyola, 2001.

Anotações

EDITORA VOZES
Editorial

CULTURAL
Administração
Antropologia
Biografias
Comunicação
Dinâmicas e Jogos
Ecologia e Meio Ambiente
Educação e Pedagogia
Filosofia
História
Letras e Literatura
Obras de referência
Política
Psicologia
Saúde e Nutrição
Serviço Social e Trabalho
Sociologia

CATEQUÉTICO PASTORAL
Catequese
  Geral
  Crisma
  Primeira Eucaristia

Pastoral
  Geral
  Sacramental
  Familiar
  Social
  Ensino Religioso Escolar

TEOLÓGICO ESPIRITUAL
Biografias
Devocionários
Espiritualidade e Mística
Espiritualidade Mariana
Franciscanismo
Autoconhecimento
Liturgia
Obras de referência
Sagrada Escritura e Livros Apócrifos

Teologia
  Bíblica
  Histórica
  Prática
  Sistemática

REVISTAS
Concilium
Estudos Bíblicos
Grande Sinal
REB (Revista Eclesiástica Brasileira)
SEDOC (Serviço de Documentação)

VOZES NOBILIS
Uma linha editorial especial, com importantes autores, alto valor agregado e qualidade superior.

PRODUTOS SAZONAIS
Folhinha do Sagrado Coração de Jesus
Calendário de mesa do Sagrado Coração de Jesus
Agenda do Sagrado Coração de Jesus
Almanaque Santo Antônio
Agendinha
Diário Vozes
Meditações para o dia a dia
Encontro diário com Deus
Guia Litúrgico

VOZES DE BOLSO
Obras clássicas de Ciências Humanas em formato de bolso.

CADASTRE-SE
www.vozes.com.br

EDITORA VOZES LTDA.
Rua Frei Luís, 100 – Centro – Cep 25689-900 – Petrópolis, RJ
Tel.: (24) 2233-9000 – Fax: (24) 2231-4676 – E-mail: vendas@vozes.com.br

UNIDADES NO BRASIL: Belo Horizonte, MG – Brasília, DF – Campinas, SP – Cuiabá, MT
Curitiba, PR – Fortaleza, CE – Goiânia, GO – Juiz de Fora, MG
Manaus, AM – Petrópolis, RJ – Porto Alegre, RS – Recife, PE – Rio de Janeiro, RJ
Salvador, BA – São Paulo, SP